本书出版得到了国家自然科学基金项目
"中国农民专业合作社成长机理与发展对策研究"（项目编号：70773097）资助

The Development of
Famer Cooperative in China:
Theory and Empirical Research

中国"三农"问题研究系列

中国农民专业合作社发展：
理论与实证研究

郭红东 ◎著

ZHEJIANG UNIVERSITY PRESS
浙江大学出版社

图书在版编目（CIP）数据

中国农民专业合作社发展：理论与实证研究 / 郭红东著.
—杭州：浙江大学出版社，2011.11
ISBN 978-7-308-09244-9

Ⅰ.①中… Ⅱ.①郭… Ⅲ.①农业合作社－研究－中
国 Ⅳ.①F321.42

中国版本图书馆 CIP 数据核字（2011）第 217656 号

中国农民专业合作社发展：理论与实证研究
郭红东　著

责任编辑	陈丽霞
文字编辑	徐　霞
封面设计	北京春天
出版发行	浙江大学出版社
	（杭州市天目山路 148 号　邮政编码 310007）
	（网址：http://www.zjupress.com）
排　　版	杭州中大图文设计有限公司
印　　刷	杭州杭新印务有限公司
开　　本	710mm×1000mm　1/16
印　　张	9.75
字　　数	141 千
版 印 次	2011 年 11 月第 1 版　2011 年 11 月第 1 次印刷
书　　号	ISBN 978-7-308-09244-9
定　　价	25.00 元

前　言

自 2007 年 7 月 1 日《中华人民共和国农民专业合作社法》正式实施以来,农民专业合作社在中国各地蓬勃兴起,合作社数量快速增长,入社农户不断增加,截至 2010 年 6 月底,在工商部门登记的合作社超过 31 万家,比该法实施前翻了一番;实有入社农户 2600 万左右,约占全国农户总数的 10%。农民专业合作社广泛分布在种植、畜牧、农机、渔业、林业、民间传统手工编织等各个产业,在组织农户开展专业化生产、规模化经营,引领农民参与市场竞争等方面发挥了重要的组织载体作用。① 但就中国农民专业合作社整体发展质量而言,并不尽如人意,"小、散、弱"问题突出,具体表现为:①从合作社成员看,普遍数量少;②从活动范围看,主要局限在本乡镇范围内;③从与社员关系看,目前中国大多数农民专业合作社是松散型的组织,而真正符合作制性质,规范运作的则不多;④从服务能力看,大多数专业合作社除从事技术、信息服务外,无法满足农民对加工、销售等其他服务的迫切需求;⑤从生存能力看,在市场竞争中大部分专业合作社生存困难,不少合作社成立不久就名存实亡。这些现象促使我们思考这样一些问题:①为什么有的农民专业合作社能够快速成长,而有的专业合作社存活期很短或生命力很弱?②是什么因素在影响着农民专业合作社的成长?③农民专业合作社要在竞争日益激烈的市场中生存与成长,应该如何才能保持自己的竞争优势?

因此,非常有必要对中国农民专业合作社成长的机理进行系统的实证研究,从理论上探明其成长的内在机理,寻求其成长的内在根据,揭示

---

① 数据来源:《农业部陈晓华副部长 2010 年 9 月 27 日在全国农民专业合作社经验交流会上的讲话》,《农业部情况通报》2010 年第 67 期。

其成长的前提和外部条件，找出影响其健康成长的内部与外部因素，进而结合转型时期中国农业、农村与农民发展的实际情况，提出引导和促进中国农民专业合作社健康发展的思路和措施。这不仅在理论上有助于进一步加深对中国农民专业合作社发展规律的认识，而且在实践上可以为政府部门制定引导和促进农民专业合作社健康发展的相关对策措施提供依据。

在国家自然科学基金"中国农民专业合作社成长机理与发展对策"项目的支持下，根据课题设计要求，作者围绕课题研究内容进行了一系列研究，取得了不少成果，其中不少成果已经在《中国农村经济》等农经核心期刊发表。本书收集了近几年来作者关于中国农民专业合作社研究的主要成果。这些成果主要表现在以下几个方面：

1.揭示了影响农户参与农民专业合作社的相关因素。农民专业合作社的发展离不开农户的支持，为此，必须首先研究农户对合作社的认识以及影响其参与合作社的因素。课题组组织浙江大学"三农"协会以及农业经济管理专业学生对全国23个省1004个农户进行了调查。从调查情况来看，目前中国农户参与专业合作社的比例并不高，而农户的参与意愿却比较高，这在一定程度上反映了中国农民专业合作社发展还处于起步阶段。研究结果表明，农户参与专业合作社的意愿受到户主对合作社的认知程度、农户生产的兼业化程度、商品化、经营规模、产品销售问题以及政府是否支持等多方面因素的影响，并随着这些因素的变化而变化。（成果论文"农户参与专业合作社的意愿及影响因素"已发表于《商业研究》2010年第10期，合作者陈敏）

2.揭示了目前中国农民专业合作社发展的现状以及影响其发展的关键因素。合作社社长对合作社的成长具有非常重要的作用，为此非常有必要从合作社社长的角度，对目前影响中国农民专业合作社成长的因素进行系统的调查与研究。课题组根据课题设计要求，于2009年7—9月和2010年1—2月寒、暑假期间组织学生利用放假回家探亲的机会，对包括浙江、福建、安徽、山东、河南、湖南、四川、广东、黑龙江、甘肃在内的10

个省 29 个地级市的合作社发展现状及一些典型合作社进行了专题调研。在学生访谈调查报告和问卷调查的基础上,课题组编辑、整理形成了专著《中国农民专业合作社调查》(浙江大学出版社 2010 年 9 月已出版)。课题组还运用资源基础理论,对影响农民专业合作社成长的因素进行了理论分析,然后应用浙江省农民专业合作社的调查数据,对影响合作社成长的因素进行了实证分析。研究结果表明,农民专业合作社的物质资本资源对合作社的成长影响最大,组织资本资源也有较大影响,而人力资本资源对当前合作社成长的影响并不明显。(成果论文"影响农民专业合作社成长的因素分析——基于浙江省部分农民专业合作社的调查"已发表于《中国农村经济》2009 年第 8 期,合作者楼栋、胡卓红、林迪)

3. **揭示了参加农民专业合作社社员基本情况、社员参与原因以及社员对合作社发展的评价。** 课题组利用部分社员的调查数据,对合作社社员以及社员参与合作社的原因等情况进行了分析,研究表明:①从参与合作社的社员的基本情况来看,其年龄结构偏大,文化程度偏低,对合作社知识了解不够。②从社员参与合作社情况来看,以自愿参与为主,参加的合作社近半数是农村专业大户发起的。农民加入合作社的时间比较短,其加入主要原因是为了得到合作社提供的各项服务。③社员对合作社提供的服务期望都很高,实际得到服务比例最高的是技术与培训服务,期望与实际得到服务差距最大的是产品储存加工和融资服务,实际得到服务满意度最高的是产品销售服务,最低的是融资服务。④社员对目前合作社发展总体情况是满意的、前景是乐观的。

4. **揭示了农民专业合作社对农民收入的影响机理。** 农民专业合作社究竟能对社员收入产生哪些影响? 这是人们普遍关心的问题。课题组以浙江省仙居县杨梅种植业为例,通过对参与合作社的杨梅种植农户和没有参与合作社种植农户的调查,分析农民专业合作社对农户种植杨梅收入的影响。研究结果表明,参加合作社的农户比不参加合作社的农户能获得更多的收入;不同合作社对农户收入的影响是不同的,提供利润返还和多种服务的合作社比不提供利润返还和多种服务的合作社能给农户带来更大的收入。合作社提供的不同服务项目对农户的增收效果是不同的，"生产技术标准"、"技术服务和培训"、"病虫害防治服务"、"统一品牌（包装）"、"农资采购服务"、"代理销售"对农民增收有显著影响。基于这些研究结果，本书提出了如下几条政策建议：一是应该鼓励和大力支持合作社的发展；二是应该提高合作社与社员的利益联结关系和综合服务功能；三是合作社应该有针对性地对农户开展服务，作为合作社来说，要重视生产技术标准的制定、搞好技术服务和培训，同时要重视品牌建设和产品销售工作。

5.揭示了影响社员对农民专业合作社满意度的影响因素。课题组通过全国部分农民专业合作社社员的调查，重点分析了影响社员满意度的因素，并用 Logistic 模型进行了实证研究。研究结果表明，社员收入水平，社员入社年数，参加的合作社是否由农民大户发起，合作社是否提供种子和种苗服务、农资供应服务、产品销售服务，合作社是否按股分红是影响社员满意度的显著因素。基于这些实证研究结果，提出了增加社员的收入水平，增加社员忠诚度，提供多元化、高质量的服务和完善合作社分配制度等措施提高社员满意度的对策建议。（成果论文"影响社员对合作社满意度因素的分析"已发表于《西北农林科技大学学报》2009 年第 9 卷第 5 期，合作者袁路明、林迪）

6.揭示了影响社员对农民专业合作社社长信任的因素。社员对社长的信任关系对合作社的成长具有非常重要的作用。究竟哪些因素影响了社员对社长的信任？课题组运用社会资本理论，结合农民专业合作社的实际情况，首先构建出了一个影响农民专业合作社社员对社长信任的因素的实证分析框架，然后运用浙江省合作社的调查数据进行了实证研究。研究结果表明，社长的能力、人品、社长与社员的关系以及社长对社员的关心会影响社员对社长的信任，其中，社长与社员的关系影响最大，其次是社长的能力、社长的人品、社长对社员的关心。（成果论文"影响农民专业合作社社员对社长信任的因素分析——基于浙江省部分社员的调查"已发表于《中国农村经济》2008 年第 8 期，合作者杨海舟、张若健）

7. **揭示了农民专业合作社信贷可获得性及其影响因素**。融资难问题已经成为制约合作社发展壮大的最大瓶颈。课题组在回顾了农民专业合作社信贷融资相关理论和影响信贷可获得性因素的相关文献后,结合中国农民专业合作社的实际情况,构建了影响农民专业合作社信贷可获得性的实证分析框架,应用浙江省农民专业合作社的调查数据进行了实证研究。研究结果表明,合作社对资金借贷的需求比较大,其借款的主要目的是用于收购农产品;那些固定资产规模大、信用等级高、与银行关系密切、示范等级高的农民专业合作社,还是可以获得正规信贷的,但其获得的信贷额度还不能满足合作社发展的需要。合作社要提高正规信贷可得性,首先,需要加强自身建设,不断提高自身经济实力;其次,要完善财务制度,积极参与信用评估;最后,要加强与金融机构的信息沟通与合作,提高金融机构对其信任度。此外,金融机构也要通过自身金融创新,加大对农民专业合作社的信贷供给。(成果论文"农民专业合作社正规信贷可得性及其影响因素分析"已发表于《中国农村经济》2011 年第 7 期,合作者陈敏、韩树春)

8. **提出了发展中国农民专业合作社的政策建议**。在对中国农民专业合作社发展现状进行研究的基础上,提出了推进中国农民专业合作社发展的重点和相关对策建议。(成果论文"怎样推进合作社发展?"已发表于《中国农民合作社》2010 年第 11 期)

由于农民专业合作社研究涉及面广,作者能力有限,以上这些成果定有许多不当之处,敬请广大同行批评指正!

作者非常感谢国家自然科学基金委的资助,没有该项目的资助,这些成果是没有办法取得的。感谢我的硕士研究生李曼琳、杨海舟、林迪、陈敏、戴成宗、何金广对课题研究的参与和帮助。戴成宗参与了本书第 1 章的部分工作,何金广参与了本书第 2 章的部分工作,陈敏参与了本书第 3、7 章的部分工作,杨海舟参与了本书第 4 章的部分工作,李曼琳参与了本书第 5 章的部分工作,林迪参与了本书第 7、8 章的部分工作,但文责作者自负。

作者还要衷心感谢浙江大学中国农村发展研究院黄祖辉教授、徐旭初教授对课题研究工作的大力支持，同时也非常感谢《中国农村经济》杂志社陈劲松研究员的大力支持，正是他一字一句的修改，才使研究成果得以发表！另外，浙江省供销合作联社的徐钢军处长、浙江省农业厅童日晖处长以及浙江省农办张若健处长也给课题研究提供了很大的帮助，在此表示感谢！最后感谢参与调查的浙江大学"三农"协会的所有同学、感谢本书所引用参考文献的作者以及所有对本课题研究提供帮助的人。

郭红东

2011 年 8 月 5 日于浙江大学紫金港校区

目　录

1 中国农民专业合作社发展:基于社长的调查报告

1.1 引 言

为了全面了解中国农民专业合作社发展的基本情况,我们课题组先后于 2009 年 7—9 月和 2010 年 1—2 月组织浙江大学研究生和本科生对包括浙江、安徽、福建、山东、河南、湖南、广东、四川、甘肃、黑龙江等在内的 10 个省 29 个地级市的 442 家农民专业合作社社长就其合作社发展情况进行了一次比较全面的问卷调查。两次调查的合作社,绝大部分分布在浙江省省内,共有 400 家,占总数的 90.5%。其中台州最多,有 47 家,占有效样本的 12.2%;其次丽水 43 家,占有效样本的 11.1%;温州 40 家;金华 38 家;杭州 34 家;嘉兴 25 家;衢州 24 家;宁波 27 家;绍兴各 26 家;湖州 22 家;舟山 15 家。在外省的 42 家合作社中,最多的为河南有 23 家,占总数的 5.2%;其次是山东 5 家,占总数的 1.1%;安徽 4 家,占总数的 0.9%;湖南、广东各 3 家,占总数的 0.7%;四川 2 家,占总数的 0.5%;福建、甘肃、黑龙江各 1 家,占总数的 0.2%。

被调查合作社属于国家级示范合作社的占 2.9%,省级示范合作社占 20.3%,市级示范合作社占 21.9%,县级示范合作社占 21.2%,其他占 13.3%。

被调查合作社主营产品最多的是果蔬类,占 40.0%,其次是畜牧类

13.4%，茶叶类 10.9%，水产养殖类 6.4%，花卉苗木类 5.2%，粮食类 5.0%，药材类 3.9%，蚕桑 2.7%，食用菌 1.8%，其他占 10.7%，具体分布情况见图 1-1。

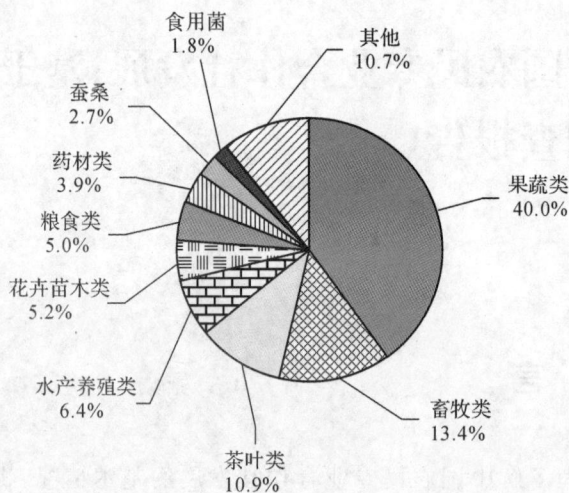

图 1-1　被调查合作社产业分布情况

从被调查合作社社长文化程度来看，在小学及以下的占 4.8%，初中占 28.6%，高中占 35.7%，高中以上占 30.9%。这个结果表明，目前合作社社长文化水平普遍比较高，具体分布情况见图 1-2。

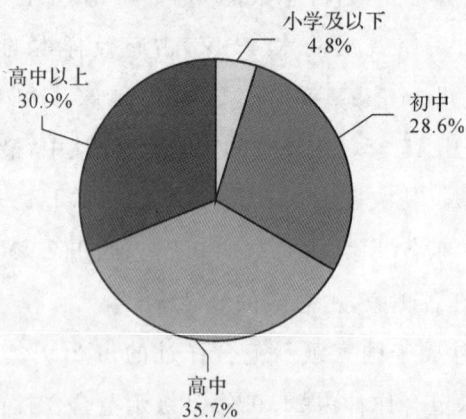

图 1-2　被调查合作社社长学历分布情况

从被调查合作社社长的年龄来看，平均年龄 47 岁，最年轻 22 岁，最年长 70 岁，其中 30 岁以下占 2.8％，31～40 岁占 18.3％，41～50 岁占 47.2％，51～60 岁占 29.9％，60 岁以上占 1.8％。这个结果表明，目前合作社社长年龄普遍偏大，具体分布情况见图 1-3。

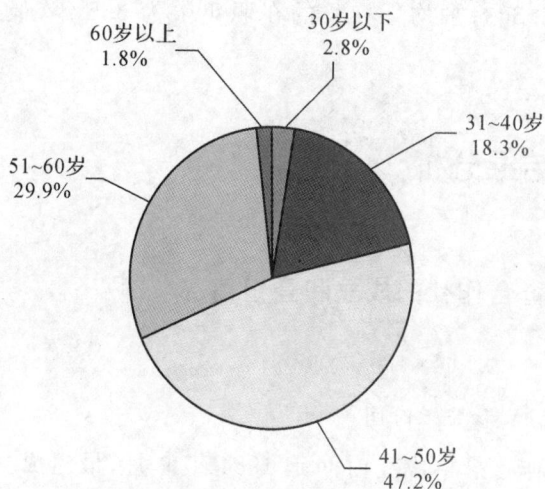

图 1-3　被调查合作社社长年龄分布情况

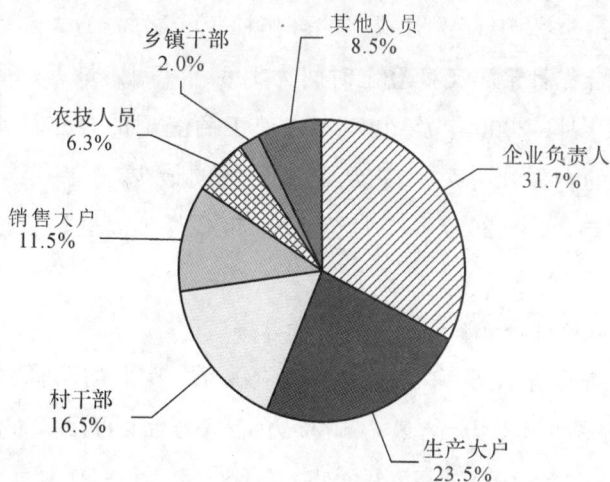

图 1-4　被调查合作社社长以前身份分布情况

从被调查合作社社长以前的身份来看,担任社长以前是企业负责人的最多,占 31.7%,生产大户的占 23.5%,村干部的占 16.5%,销售大户的占 11.5%,农技人员的占 6.3%,乡镇干部的占 2.0%,其他人员的占 8.5%,具体分布情况见图 1-4。政治身份是中共党员的占 63.5%,非中共党员的占 36.3%;平均任社长的在职年限为 3.5 年,最少半年,最多 26 年。

1.2 调查结果分析

1.2.1 被调查合作社的成立和登记情况

1.合作社成立和登记时间

被调查合作社最早成立时间是 1984 年 9 月,最迟成立时间是 2009 年 9 月;2000 年及 2000 年之前成立的合作社仅 21 家,2007 年成立的合作社最多有 87 家,其中 2007 年 7 月(2007 年 7 月 1 日《农民专业合作社法》正式施行)至 2010 年 2 月成立的合作社 109 家。

被调查合作社最早工商登记时间为 1984 年 9 月,最迟工商登记时间为 2009 年 10 月;2000 年及 2000 年之前工商登记的合作社 10 家,2001 年工商登记的合作社为 7 家,占历年登记数的最少,2007 年工商登记的合作社最多有 83 家,2007 年 7 月至 2010 年 2 月工商登记登记的合作社 129 家。

2.合作社的注册资金和社员出资情况

从被调查合作社平均工商注册资金来看,其平均工商注册资金为 37.88 万元,最少 0.3 万元,最多 1000 万元,5 万元以下占 20.9%,5 万~10 万元占 15.3%,10 万~25 万元占 17.2%,25 万~50 万元占 23.0%,50 万元以上占 23.6%,具体见图 1-5。

50万元以上
23.6%

5万元以下
20.9%

5万~10万元
15.3%

25万~50万元
23.0%

10万~25万元
17.2%

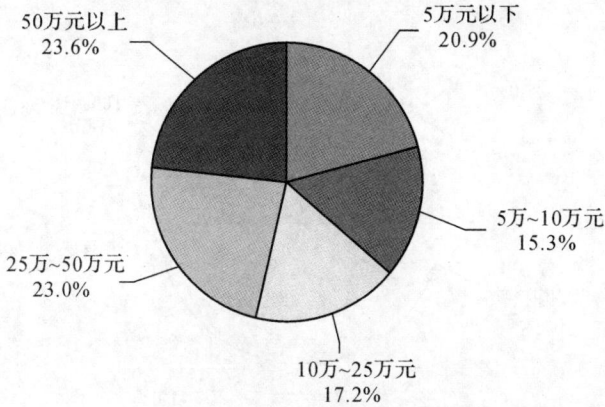

图 1-5　被调查合作社注册资金分布情况

从被调查合作社成员平均总出资额来看,成员平均总出资额为 60.05 万元,最少 0.3 万元,最多 1000 万元,5 万元以下占 20.0%,5 万~ 10 万元占 14.4%,10 万~25 万元占 18.8%,25 万~50 万占 23.5%, 50 万元以上占 23.3%,具体见图 1-6。

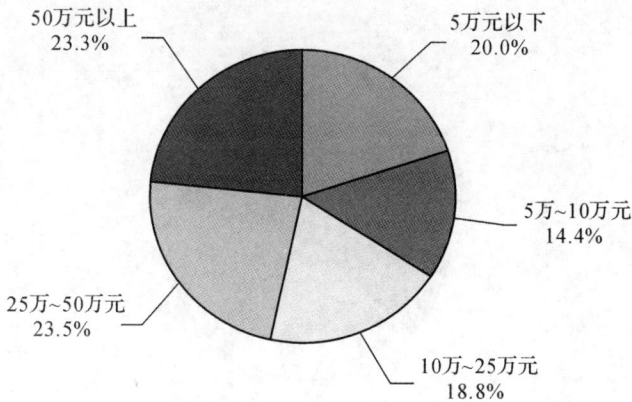

50万元以上
23.3%

5万元以下
20.0%

5万~10万元
14.4%

25万~50万元
23.5%

10万~25万元
18.8%

图 1-6　被调查合作社成员平均出资额分布情况

从被调查合作社第一大出资成员占总出资的比重来看,最小为 0.14%,最大为 100%,平均为 29.36%,第一大出资成员占总出资的比重 10%以下占 7.0%,比重 10%~18%占 18.0%,比重 18%~20%占 41.0%, 比重 20%~30%占 9.0%,比重 30%以上占 25.0%,具体见图 1-7。

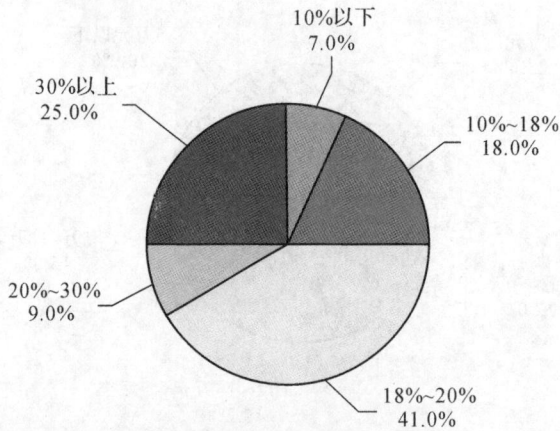

图 1-7　被调查合作社第一大成员出资额比重分布情况

从被调查合作社农民成员占总出资的比重来看，最小的为 0.20%，最大 100%，平均 72.34%，农民成员占总出资的比重 25% 以下占 11.7%，比重 25%～50% 占 9.4%，比重 50%～75% 占 16.5%，比重 75%～85% 占 25.4%，比重 85% 以上占 37.0%，具体见图 1-8。

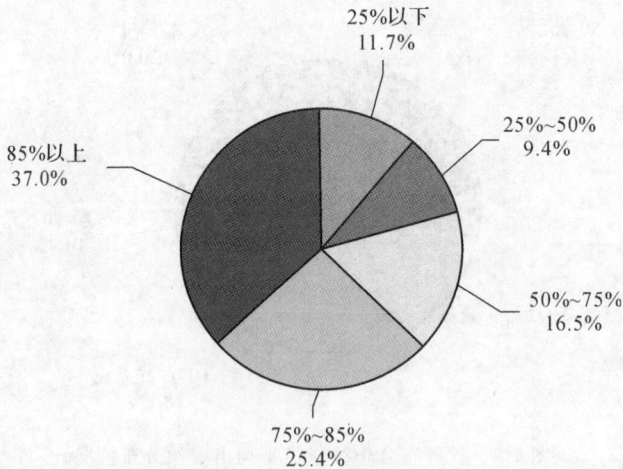

图 1-8　被调查合作社农民成员出资分组情况

3.合作社的社员人数及分布情况

从被调查合作社社员人数来看，最少为 5 人，最多 4360 人，平均 247 人，10 人以下的合作社占 19.1%，10～40 人占 18.1%，40～100 人占

15.1%,100~150 人占 26.6%,150 人以上占 21.1%,具体见图 1-9。农民成员最少 2 人,最多 2995 人,平均 139 人;农民成员比例最少占 1%,最多占 100%,平均占 92.81%。企事业成员最多 99 人,平均 2 人,企事业成员比例最少为零,最多占 80%,平均占 4.85%。

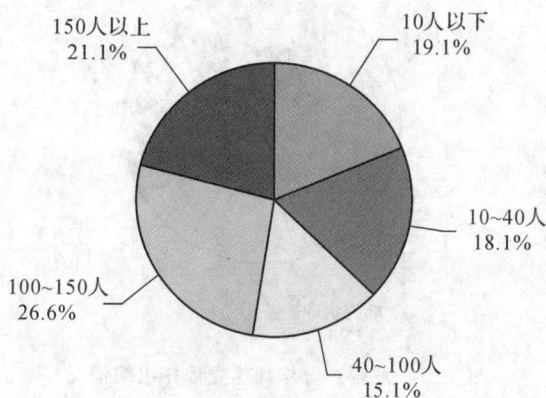

图 1-9 被调查合作社社员总数分布情况

从被调查合作社社员分布来看,27.0%的社员来自同一个村,28.9% 跨村,37.3%跨乡(镇),6.8%跨县,具体见图 1-10。

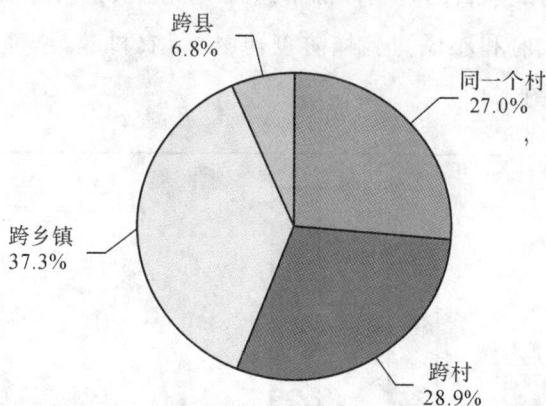

图 1-10 被调查合作社地区分布情况

4.合作社建立的依托单位和成立目的

从被调查合作社建立的依托单位来看,主要依托生产大户的占

34.3％,贩销大户占6.7％,龙头企业占13.2％,供销社占36.0％,农技部门占4.2％,具体见图1-11。

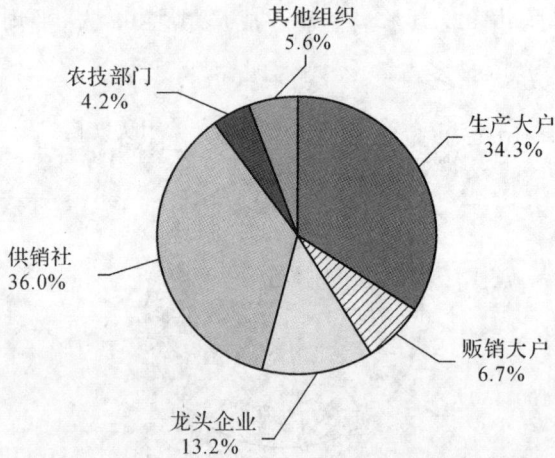

图 1-11　被调查合作社建立依托组织情况

从被调查合作社成立目的来看,主要为解决农资采购问题的占了39.6％;为解决生产技术问题的占了69.8％;为解决产品销售问题的占了90.8％;为解决产品保鲜问题的占了19.9％;解决加工问题的占了28.6％;其他的成立目的包括产品信息、产业化,扶持村经济发展,解决种苗问题,联结政府和农民,饲料、防疫药物,新农村建设,渔民转产等,占7.0％,具体见图1-12。

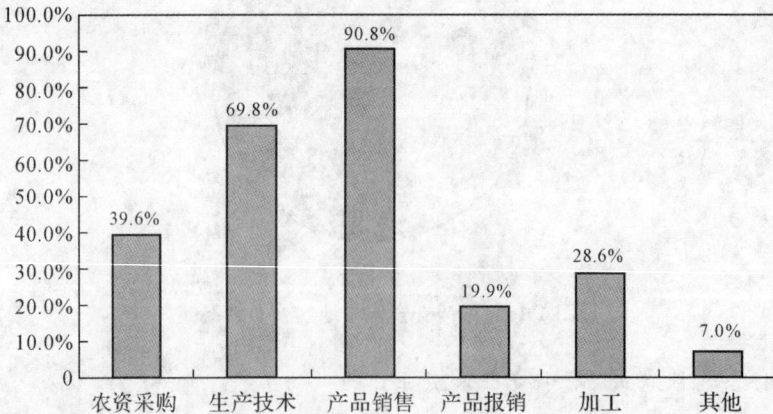

图 1-12　被调查合作社成立主要目的分布情况

1.2.2 被调查合作社的组织和管理情况

从被调查合作社的组织结构设置来看,成立了理事会的占 89.4%,成立了监事会的占 80.8%,成立了社员代表大会的占 76.4%,没有设置上述任一机构的占 3.7%,具体见图 1-13。

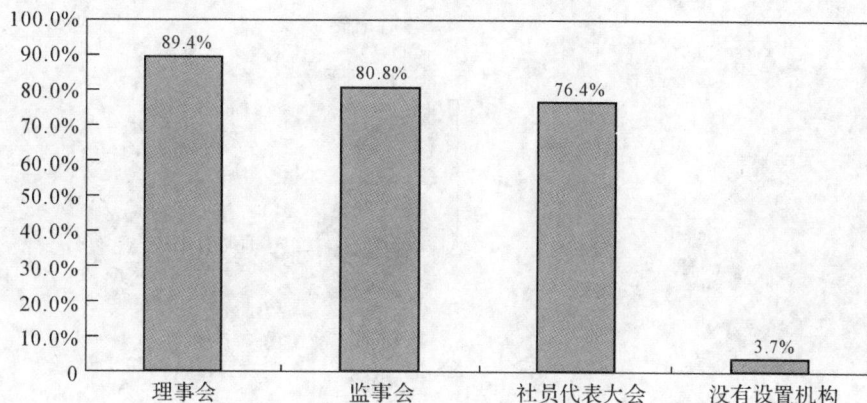

图 1-13 被调查合作社成立相关机构的分布情况

从被调查合作社决策表决方式来看,社员代表大会、理事会和监事会实行一人一票表决方式的占 65.0%;一股一票占 14.3%;一人一票,出资和交易量大的成员有附加表决权,但不超过总投票数的 20% 的占 20.7%,具体见图 1-14。

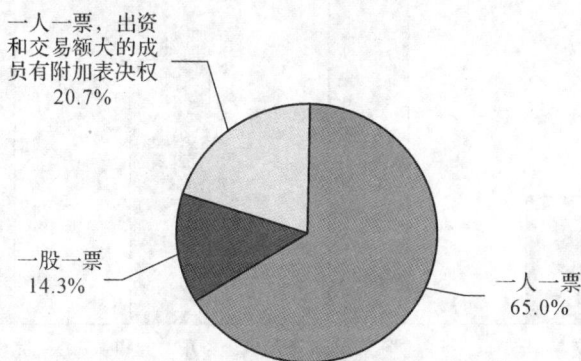

图 1-14 被调查合作社表决方式分布情况

从被调查合作社社员代表大会召开次数来看，平均召开 2.04 次，最多召开 23 次，最少 0 次；理事会会议平均召开 3.54 次，最多召开 56 次，最少 0 次；监事会会议平均召开 2.80 次，最多召开 56 次，最少 0 次。被调查合作社每次会议没有会议记录的占 11.1％，有时有会议记录的占 30.9％，每次有会议记录的占 58.0％，具体见图 1-15。

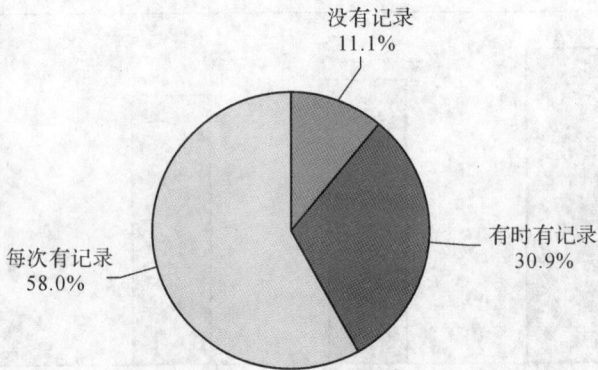

图 1-15　被调查合作社会议记录情况

从被调查合作社产品交易记录等来看，有社员产品交易记录的占 80.7％，有严格的财务管理规章制度的占 92.5％，定期向全体社员公开财务和营运情况的占 87.8％，有完整会计资料的占 90.3％，具体见图 1-16。

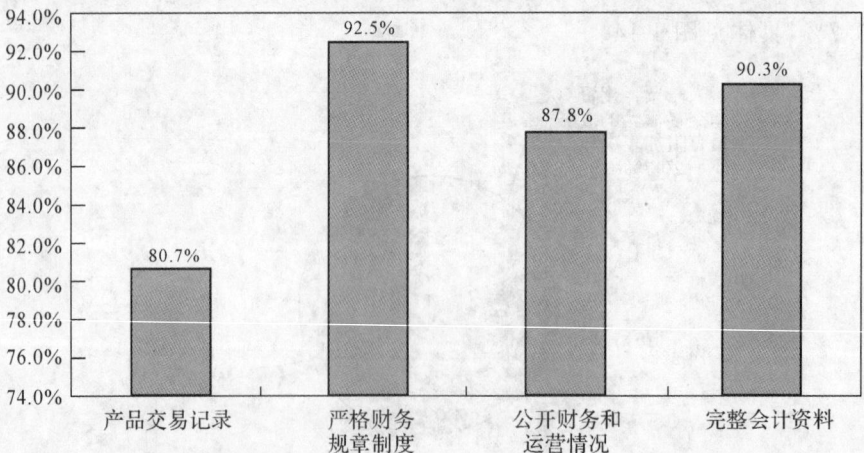

图 1-16　被调查合作社财务制度、会计记录等分布情况

从被调查合作社社长及理事会成员的更换来看,自合作社成立后有更换过社长及理事会成员的占 24.6％,有规定明确的更换程序的占74.9％。至于更换原因,经营与管理能力差占 10.1％,以权谋私占2.0％,自动辞职占 9.1％,岗位调动占 60.6％,其他原因占 18.2％,具体见图 1-17。

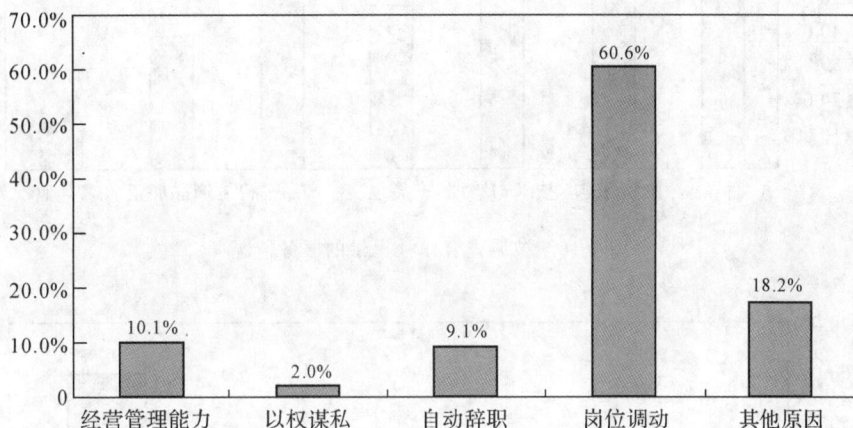

图 1-17　被调查合作社更换社长和理事会成员的原因分布情况

1.2.3　被调查合作社的生产经营情况

从被调查合作社提供的服务来看,提供种苗服务的占 59.4％,提供农资采购服务的占 56.0％,提供技术与培训服务的占 88.5％,提供产品包装服务的占 47.0％,提供产品销售服务的占 90.1％,提供产品加工服务的占 38.2％,提供其他服务的占 13.9％,具体见图 1-18。

从被调查合作社配备的专职工作人员来看,有专职工作人员的占79.4％,还有 20.6％没有专职工作人员,合作社有自己专门办公场所的占了 90.6％,有专门为社员服务的设施(如冷库等)的只占了 55.1％,有合作社自己的注册商标的只占了 64.5％。

从被调查合作社的品牌建设来看,有国家级名牌产品的占了 3.6％,有省级名牌产品的占了 12.2％,有地市级名牌产品的占了 23.9％,没有名牌产品的占了 59.7％,具体见图 1-19。

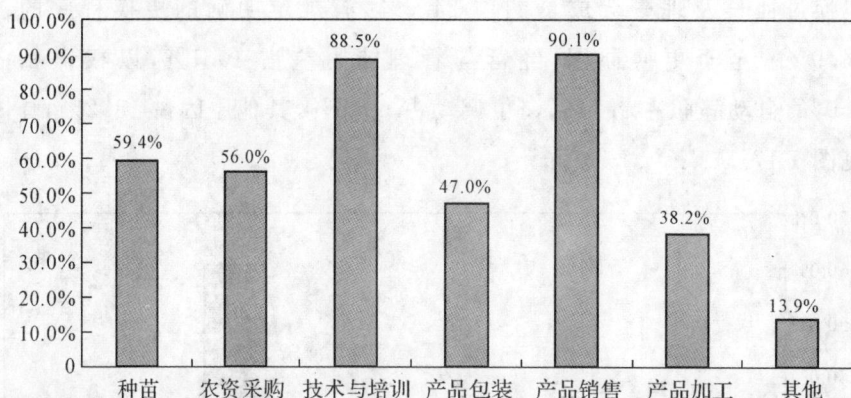

图 1-18　被调查合作社提供的服务情况

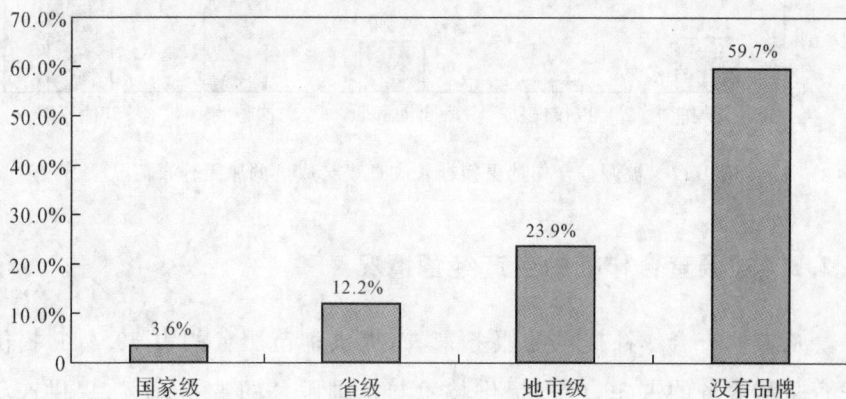

图 1-19　被调查合作社拥有品牌产品的情况

　　从被调查合作社产品认证的情况来看,通过无公害绿色认证的占了 39.9％,通过绿色食品认证的占了 24.1％,通过有机食品认证的占了 11.3％,没有任何绿色认证的占了 44.6％,具体见图 1-20。

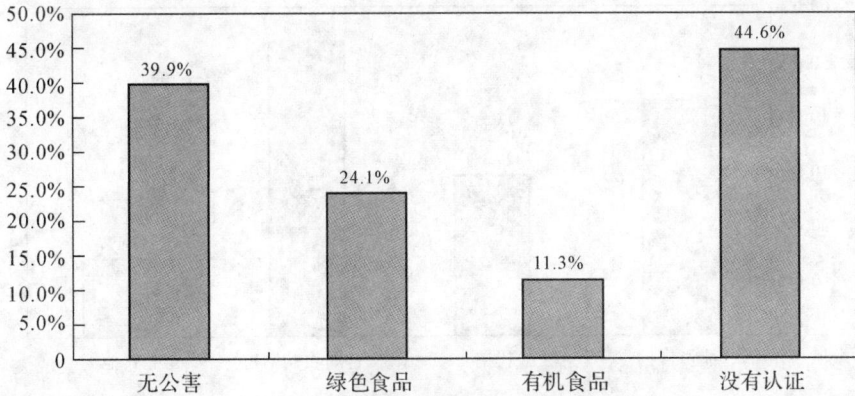

图 1-20　被调查合作社通过绿色认证情况

从被调查合作社销售渠道来看,通过批发市场销售产品的占48.5%,通过超市销售的占24.8%,通过外地客商上门收购的占56.2%,直接销售给消费者的占47.3%,直接销售给龙头企业的占26.4%,通过其他渠道的占了7.2%,具体见图1-21。

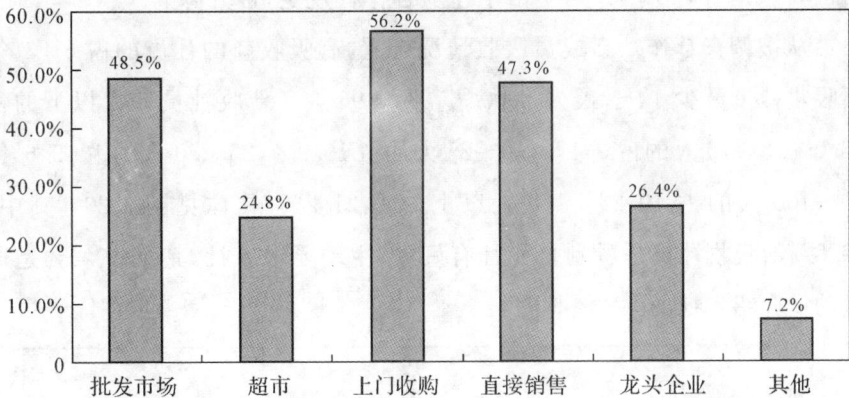

图 1-21　被调查合作社产品销售渠道情况

从被调查合作社销售社员产品的方式来看,被调查合作社以提供客户信息,社员自销方式帮助销售社员产品的占了42.8%,代理销售,收取一定的手续费的占了29.3%,通过合同收购销售的占了53.8%,以其他形式销售的占了14.4%,具体见图1-22。

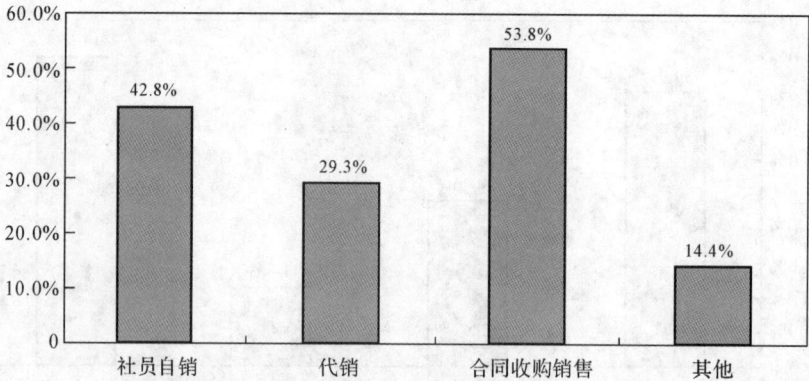

图 1-22　被调查合作社产品销售方式情况

1.2.4　被调查合作社社员的入退社制度与分配制度

被调查合作社自成立以后，有社员退社的占 14.8%，退社人数最少 1 人，最多 1088 人，平均 18 人。60% 的退社社员是看到合作社好处不大，自己要求退社，其余 40% 是由于违反合作社规定，被开除。

从被调查合作社新成员吸收情况来看，有吸收新的社员的占 61.3%，新吸收社员最少 1 人，最多 2000 人，平均 96 人。新收社员 5 人以下的占 26.0%，5～10 人的占 9.1%，10～25 人的占 10.9%，25～50 人的占 13.6%，50～100 人的占 19.2%，100 人以上的占 21.2%，具体见图 1-23。其中，89.8% 新吸收社员是看到合作社有好处，主动要求入社，其余 10.2% 是通过动员介绍入社的。

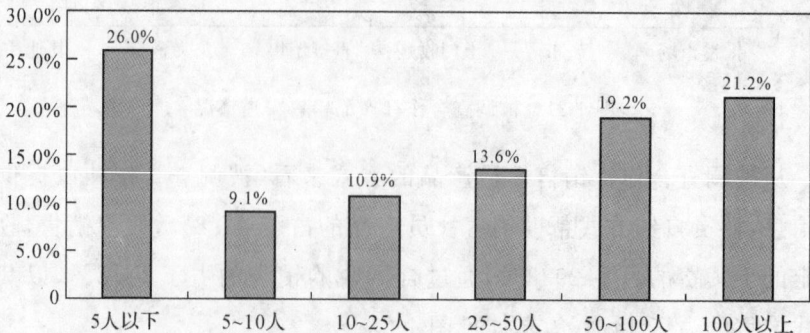

图 1-23　被调查合作社新收社员分组情况

从被调查合作社入退社决定机制来看，对想参加合作社的人员有相关条件要求的合作社占被调查合作社总数的 84.5%。其中,决定社员退社或入社是社员代表大会说了算的占 48.9%,理事会决定的占 43.7%,社长决定的占 7.4%,具体见图 1-24。

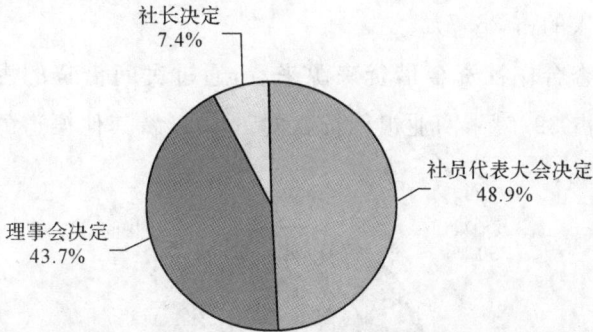

社长决定
7.4%

社员代表大会决定
48.9%

理事会决定
43.7%

图 1-24　被调查合作社入社或退社决定机构情况

从被调查合作社近年来的盈余情况看,有盈余的占了被调查合作社的 72.1%,盈余按股分配比例最多 100%,最少为 0,平均 39.2%;按股分配 20%以下的占 41.4%,20%~40%的占 24.9%,40%~60%的占 13.3%,60%~80%的占 4.8%,80%以上的占 15.7%。盈余按交易量返回比例最多 100%,最少为 0,平均 40.8%,20%以下的占 31.3%,20%~40%的占 20.2%,40%~60%的占 30.5%,60%~80%的占 10.3%,80%的以上占 7.7%;具体见图 1-25。合作社的积累比例最多 100%,最少为 0,平均 23.7%;20%以下的占 61.3%,20%~40%的占 23.0%,40%~60%的占 10.8%,60%~80%的占 1.8%,80%以上的占 3.2%。

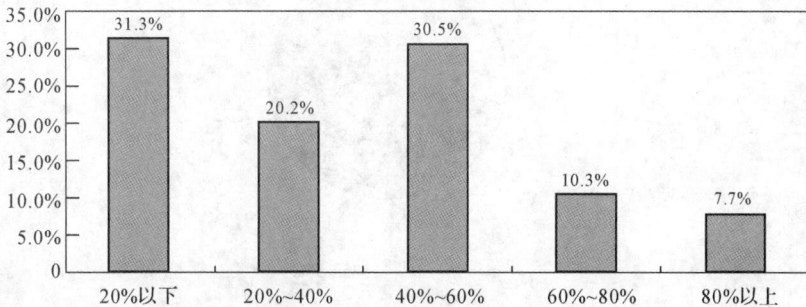

图 1-25　被调查合作社按交易量返回比例分组情况

1.2.5 被调查合作社的资金借贷及资金来源情况

被调查合作社运行过程中有资金借贷需求的占 70.2%，其中借贷资金主要用于购买生产资料等流动资金投入的占 63.3%，用于购买设备等固定资产投入的占 36.7%。

从被调查合作社资金借贷来源来看，通过民间借贷的占 24.2%，信用社贷款的占 39.6%，商业银行贷款的占 6.1%，其他渠道的占 30.1%，具体见图 1-26。

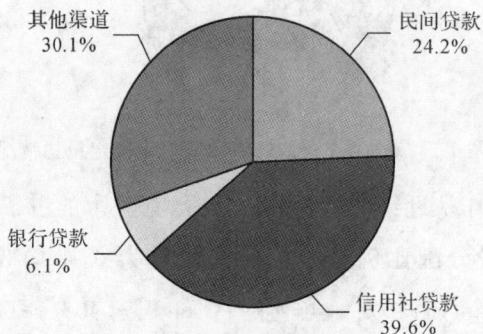

图 1-26 被调查合作社资金借贷渠道分布情况

当问到从商业银行或信用社获得贷款是否属困难问题时，被调查合作社认为不困难的占了 19.2%，比较困难的占了 52.5%，很困难的占了 28.3%，具体见图 1-27。

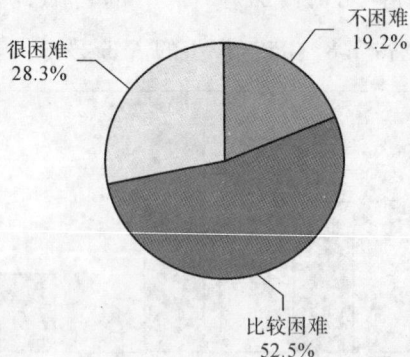

图 1-27 被调查合作社贷款困难分布情况

1.2.6 目前影响合作社发展的主要因素

从调查情况看,目前影响合作社发展的因素很多,见表 1-1。首要因素是合作社社长的能力,其次是政府的支持,再次是资金问题。最后,核心社员能力、品牌建设、农民思想认识及用地等因素也影响了合作社的发展。

表 1-1　影响农民合作社发展的主要因素　　　　　　　　单位:%

影响因素	影响程度				
	没有影响	有点影响	较大影响	影响大	影响很大
社长能力	25.4	13.5	21.5	19.3	20.3
核心社员能力	22.1	18.0	28.3	20.4	11.2
一般成员能力	20.2	47.1	21.2	8.6	2.9
经营规模	19.5	38.6	24.3	13.5	4.1
生产技术	18.7	25.4	26.8	17.5	11.6
用地	24.5	26.2	25.5	14.1	9.7
资金	11.7	26.1	30.4	16.3	15.5
设施	17.2	35.8	25.4	16.2	5.4
销售渠道	19.3	23.4	26.4	21.2	9.7
品牌建设	18.9	23.5	27.2	20.4	10.0
产业基础	20.7	29.5	26.1	16.8	6.9
农业基础	17.3	35.1	24.8	14.9	7.9
同行竞争	17.8	33.3	23.8	17.0	8.1
政府支持	14.7	21.3	22.9	21.7	19.4
与村组织关系	36.9	28.9	15.4	12.0	6.8
农民思想认识	18.0	38.6	22.8	10.5	10.1

1.2.7 被调查合作社社长对自己合作社发展的满意度评价

从调查情况看,约有 50% 的合作社社长对自己合作社发展总体情况是满意的,但有不少合作社社长对自己合作社的盈利能力、市场知名度和提高社员收入方面是不满意的,见表 1-2。

表 1-2　被调查合作社社长对自己合作社发展的满意度评价　　　单位:%

合作社发展情况	满意度评价				
	很不满意	不满意	基本满意	满意	很满意
为社员服务	1.2	3.7	40.0	45.1	10.0
社员凝聚力	1.4	8.4	41.0	40.3	8.9
市场知名度	1.0	17.3	37.5	35.2	9.0
提高社员收入	1.6	14.3	40.6	36.6	6.9
盈利能力	2.1	22.3	45.3	25.8	4.5
带动产业	0.7	8.9	40.6	38.0	11.8
社会影响力	1.6	9.3	36.8	39.6	12.7
总体发展评价	0.5	7.1	39.1	43.5	9.8

1.2.8　对合作社联合和发展前景的看法

从被调查合作社社长对联合和发展前景的看法来看,认为本地合作社将来有必要联合起来的占 74.2%,没有必要联合的占 25.8%。被调查合作社社长对自己合作社未来发展前景很不看好的占 0.2%,不太看好的占 4.0%,很难预料的占 20.8%,看好的占 60.7%,很看好的占14.3%,具体见图 1-28。

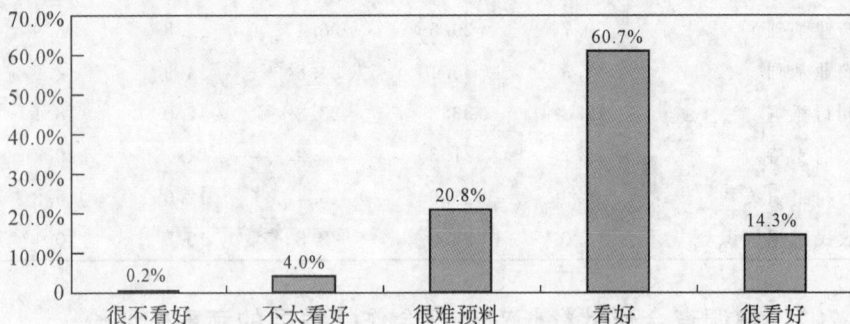

图 1-28　被调查合作社社长对合作社发展前景的看法

1.2.9　对《中华人民共和国农民专业合作社法》的评价和政府的希望

当问到是否知道 2007 年 7 月 1 日正式实施的《中华人民共和国农民专业合作社法》(以下简称《农民专业合作社法》)内容时,被调查合作社社长回答不知道的占 2.1%,有点知道的占 22.4%,知道的占 75.5%。在知道的这部分被调查合作社社长中,认为这部法律对促进合作社发展没有作用的占 2.2%,有点作用的占 18.9%,较大作用的占 44.4%,很大作用的占 34.5%。这个结果表明,尽管《农民专业合作社法》已经正式实施两年多了,但还有不少社长对其内容了解不够。不过从了解的合作社社长来看,这部法的作用还是很大的。

从被调查合作社获得政府相关支持来看,当问到是否得到过政府相关支持时(可多选),被调查合作社社长回答获得过政府相关支持的占了 84.2%,没有获得过相关支持的占了 15.8%。对获得过支持的合作社,从获得支持的方面来看,办社指导方面占了 59.4%,资金贷款方面占了 41.9%,技术培训方面占了 70.0%,产品促销方面占了 32.9%,品牌建设方面占了 42.7%,设施投入方面占了 48.4%,其他相关支持占了 5.8%,具体见图 1-29。

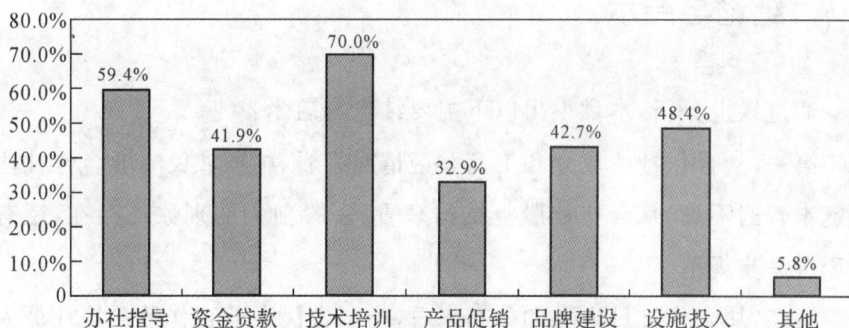

图 1-29　被调查合作社获得政府支持方面的情况

从被调查合作社需要政府支持情况来看,当问到政府应该在哪些方面对合作社有更大的支持时(可多选),77.2%认为应该在资金贷款方面给予支持,68.7%认为应该在设施投入方面给予支持,具体见图 1-30。

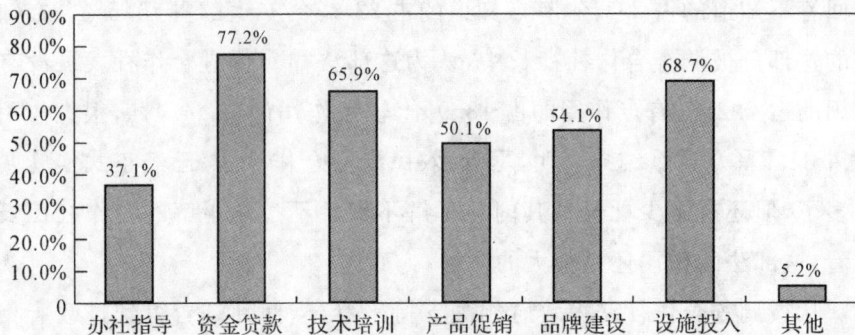

图 1-30　被调查合作社期望政府支持方面的情况

以上两个问题的调查结果表明,技术培训和办社指导是合作社获得政府支持最多的两个方面;而被调查合作社认为最应该获得政府支持的两项是资金贷款和设施投入,其中资金贷款的需求最大。

1.3　结论与启示

通过以上分析,本章得出以下主要结论与启示:

第一,从合作社的成立和工商登记情况来看,中国农民专业合作社注册资本普遍不高,从合作社股金结构来看,一股独大的现象还存在,还有待于进一步规范。

第二,从合作社员人数和分布来看,中国农民专业合作社平均社员人数还不多,同时社员主要以本乡镇为主,跨县和跨省的合作社很少。

第三,从合作社成立目的和组建依托单位来看,合作社成立的主要目的是为了解决产品销售和技术问题,专业大户、供销社和龙头企业等组织是组建合作社的重要依托单位,在办合作社的过程中要充分调动这些组织办合作社的积极性。

第四,从合作社的组织和管理情况来看,目前多数合作社已经成立了相关机构,实行一人一票的表决方式,但合作社召开社员代表大会、理事会、监事会的次数不多,有的甚至没有召开过,成立的机构无作为。多数合作社有会议记录、产品交易记录、财务管理规章制度和完整会计资料，且有明确的更换社长及理事长的程序，但是部分合作社的规章制度还需进一步完善。

第五，从合作社生产经营情况来看，目前不少合作社有专职的工作人员，有专门的办公场所，有专门的服务设施，拥有注册商标、名牌产品、绿色产品认证，但仍还有很大比例的合作社在这方面的建设非常滞后，有的连办公场所也没有，从而影响了合作社正常工作的开展。从合作社销售产品的渠道来看，主要还是批发市场销售为主；从销售方式来看，社员自销是主要销售方式。因此，在今后的发展过程中，要重视合作社办公场所和服务设施的建设，提高合作社服务社员的能力，同时要鼓励合作社创建自己的商标、品牌和参与绿色认证，提高合作社产品的市场知名度和市场竞争力。

第六，从目前制约合作社发展的因素来看，最主要的因素是合作社社长素质偏低难以适应合作社进一步发展的需要。从调查情况来看，合作社社长年龄偏大已难以适应合作社进一步做大做强的需要。为此，一方面要重视对现有合作社社长的培训以提高其素质，另一方面要鼓励和支持有文化、有志从事合作社事业的年轻人到合作社工作与发展。其次的制约因素是资金问题。从调查情况来看，有近七成的合作社有资金借贷需求，主要是流动资金的借贷，但合作社从商业银行或信用社获得贷款的难度很大。为此，要重视解决合作社融资难的问题。

第七，从合作社长对合作社联合的看法来看，大多数合作社社长认为本地合作社有必要联合起来。这表明大多数合作社已经意识到合作社联合的必要性，为此需要在下一步工作中把合作社的联合问题，作为一项重要工作内容来抓。

第八，从合作社已经获得的政府支持和期望的支持来看，还是有差异的。从调查情况来看，技术培训和办社指导是目前合作社获得政府支持最多的两个方面，而被调查合作社最希望得到政府在资金贷款和设施投入方面的支持。为此，作为政府除了继续做好技术培训和办社指导等相关服务外，还要重视对合作社资金和设施方面的投入与支持。

2 中国农民专业合作社发展:基于社员的调查报告

2.1 引　言

　　农民专业合作社的发展离不开广大社员的参与和支持,为了了解目前参与农民专业合作社社员的基本情况、参与动机及其对合作社发展的评价和看法,我们课题组先后于 2009 年 7—9 月和 2010 年 1—2 月组织浙江大学研究生和本科生对包括浙江、安徽、福建、山东、河南、湖南、广东、四川、甘肃、黑龙江等在内的 10 省 29 个地级市的相关合作社社员进行了问卷调查。本次调查活动采取入户调查的方式,每个合作社选择 2 个社员进行调查,共调查了全国 100 多家农民专业合作社的社员,共得到有效问卷 314 份。

2.2　调查结果分析

2.2.1　被调查合作社社员的基本情况

1. 被调查社员的年龄、性别和文化程度情况

　　从被调查合作社社员的年龄来看,被调查的社员平均年龄为 47.23 岁,其中社员年龄最小 23 岁,最大 72 岁,大多集中在 41 岁以上,占被调查社员的 78.7%。其中,41～50 岁的社员占 47.1%,51～60 岁的占

24.2％,60岁以上的占 7.4％,具体见图 2-1。

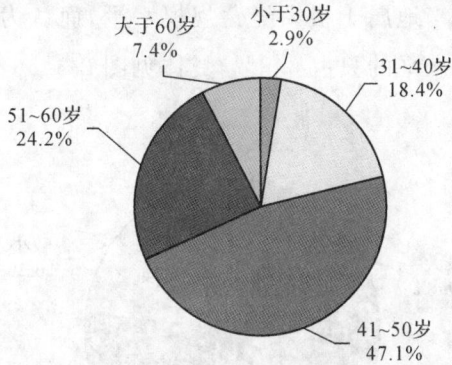

图 2-1 被调查社员年龄分布情况

从被调查合作社社员的性别来看,绝大部分为男性,所占比例为
87.2％,女性仅占 12.8％。从被调查合作社社员的文化程度来看,大多
为初中文化程度,占被调查人数的 42.3％,而高中以上学历者仅占被调
查人数的 5.8％,具体见图 2-2。

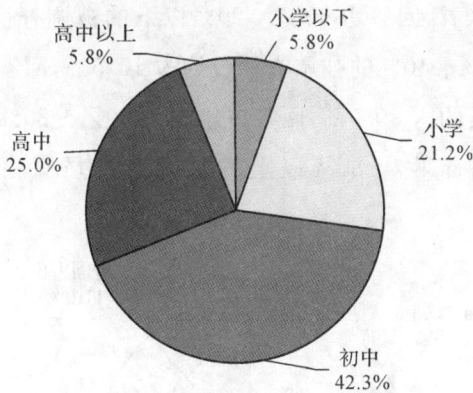

图 2-2 被调查社员文化程度分布情况

从以上几个调查结果可知,参与合作社的社员年龄普遍偏大,大多为
男性,且文化程度相对较低。

2. 被调查社员在当地的生产经营情况和收入水平情况

从被调查社员种植(或养殖)规模在当地的水平来看,49.8％被调查
社员认为自己家庭在当地属于中等经营规模水平,20.4％被调查社员认

为自己家庭在当地属于比较大的经营规模水平，而只有 6.8％被调查社员认为自己家庭在当地属于很大经营规模水平，而认为自己家庭在当地属于很小经营规模水平的只占 6.8％，具体见图 2-3。

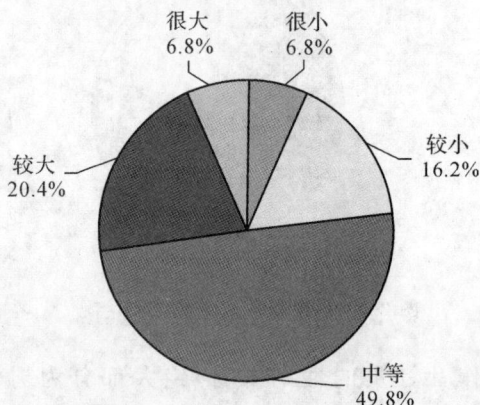

图 2-3　被调查社员家庭在当地的生产经营规模分布情况

从被调查社员家庭通过种植（或养殖）合作社经营的产品收入占全家年总收入的比例来看，回答占年收入 20％以下的被调查社员约占 11.0％，回答占年收入 20％～40％的被调查社员约占 10.5％，回答占年收入 40％～60％的被调查社员约占 30.9％，回答占年收入 60％～80％的被调查社员约占 27.7％，回答占年收入 80％以上的被调查社员只占了 19.9％，具体见图 2-4。

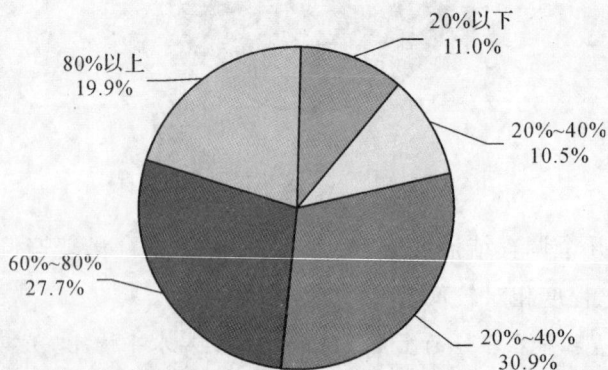

图 2-4　被调查社员在合作社经营的产品收入占全家年总收入的比例分布情况

从被调查社员在当地的收入水平来看,56.4%的被调查社员认为自己家庭在当地属于中等收入水平,28.4%被调查社员认为自己家庭在当地属于比较高收入水平,只有0.7%被调查社员认为自己家庭收入在当地属于很低水平,具体见图2-5。

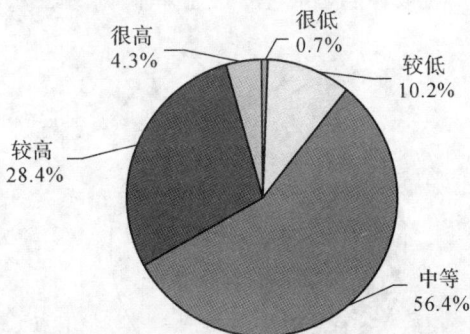

图 2-5　被调查社员在当地的收入水平分布情况

从以上几个调查结果可知,被调查参与合作社的社员的家庭生产经营规模主要以中等规模以上的农户为主,而小规模经营农户则不多;从被调查社员通过合作社经营收入占家庭收入比例来看,还不高;从被调查社员在当地的收入水平来看,偏重于中等以上。

3. 被调查社员对合作社知识的了解情况

当问到"是否了解合作社运作方面的知识"时,5.8%的被调查社员回答不了解,22.8%的被调查社员回答"有点了解",32.0%的被调查者回答"基本了解",26.3%的被调查者回答"了解",只有13.1%的被调查者回答"很了解",见图2-6。

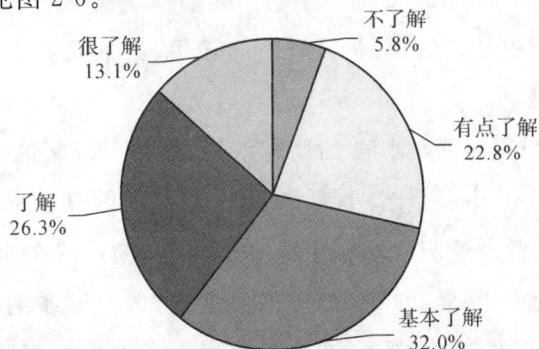

图 2-6　被调查社员对合作社运作方面知识的了解情况

当问到"是否了解中国在 2007 年 7 月 1 日正式实施的《农民专业合作社法》"时，20.9％的被调查者回答"不了解"，30.3％的被调查者回答"有点了解"，19.9％的被调查者回答"基本了解"，22.9％的被调查者回答"了解"，只有 6.0％的被调查者回答"很了解"，见图 2-7。

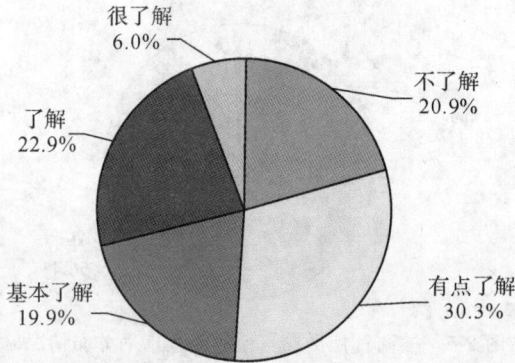

图 2-7　被调查社员对《农民专业合作社法》的了解情况

从以上几个调查结果可知，社员对合作社运作的了解比《农民专业合作社法》的了解更多些，但多数是"基本了解"和"有点了解"，"了解"和"很了解"的人数相对较少。

2.2.2　被调查社员参加合作社的情况

从社员的入社时间来看，平均入社时间为 3.3 年，其中入社 2 年的占 25.8％，入社 3 年的占 22.5％，入社 4 年和 5 年的分别占 8.8％和 9.2％，见图 2-8。从调查结果看，社员入社时间较短，其中入社 7 年以上的占总调查人数的 7.2％。

从参与社员是否缴纳股金的调查结果来看，68.8％的被调查参与社员缴纳了股金。其中股金缴纳最低 15 元，最高缴纳股金 30 万元，缴纳股金 1000 元以下者占被调查参与社员的 37.3％，缴纳股金 1000～5000 元者占 24.6％，缴纳股金 5000～10000 元者占 10.6％，缴纳股金 10000～50000 元者占 17.6％，缴纳股金 50000 元以上者占 9.9％，见图 2-9。从以上调查结果来看，股金缴纳额参差不齐，多数集中在 5000 元以下。

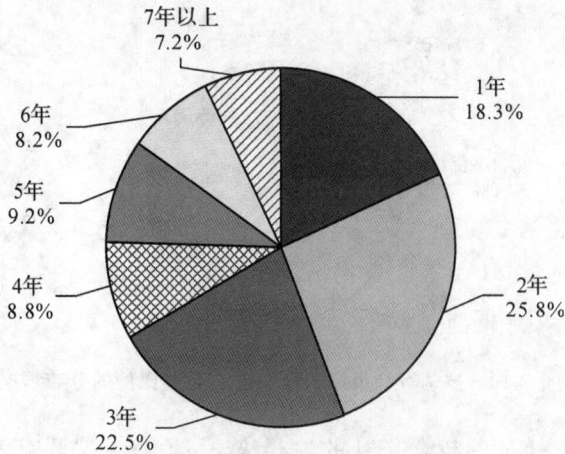

图 2-8　被调查社员入社时间情况

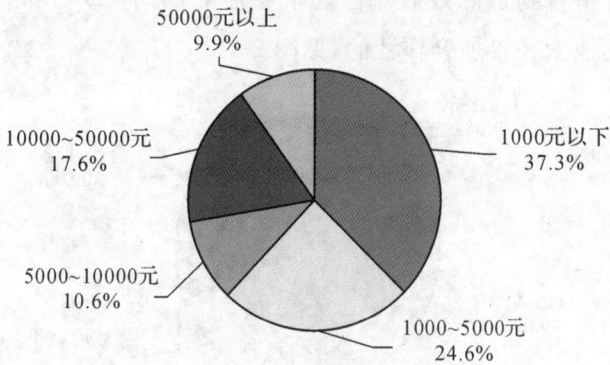

图 2-9　被调查社员缴纳股金分布情况

　　至于被调查参与社员缴纳股金占总股金的比例,调查显示,2％以下占了 51.2％,2％～5％占了 15.2％,5％～10％占了 20.0％,10％～15％占了 8.8％,15％以上上了 4.8％,其中最高比例为 40％,见图 2-10。被调查参与社员缴纳股金占总股金的比例大部分低于 2％。

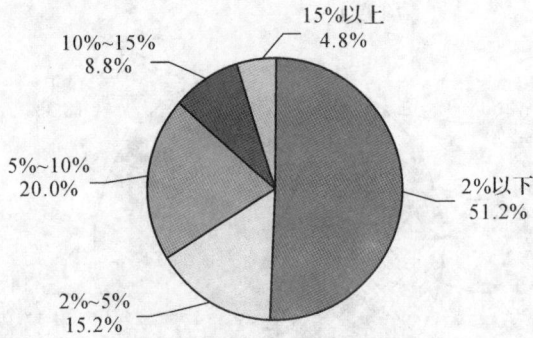

图 2-10　被调查社员缴纳股金占总股金比例的分布情况

从被调查社员参与合作社的途径来看,30.9％被调查者回答是在合作社动员下参加的,13.1％被调查者回答是政府动员下参加的,49.0％被调查者回答是看到了好处后自己要求参加的,另有 7.0％的被调查者回答是通过其他途径参加合作社的,见图 2-11。

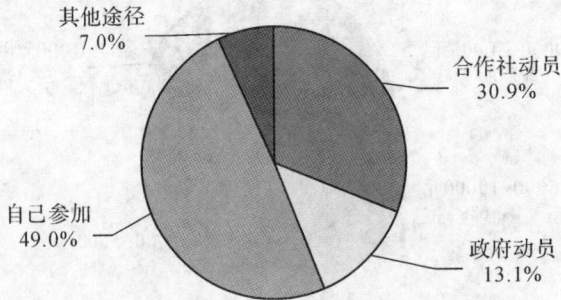

图 2-11　被调查社员参加合作社的途径的分布情况

而对于被调查社员在合作社的身份,从调查中可以看出,64.0％的社员属于普通社员,36.0％的社员属于骨干社员。

当问到"参加的合作社主要是由谁发起创立的"时,调查显示,47.2％被调查者回答自己所在的合作社是由产销大户发起创立的,23.1％被调查者回答自己所在的合作社是由企业发起创立的,11.4％被调查者回答自己所在的合作社是由供销社发起创立的,其余回答是由其他部门发起创立的,见图 2-12。

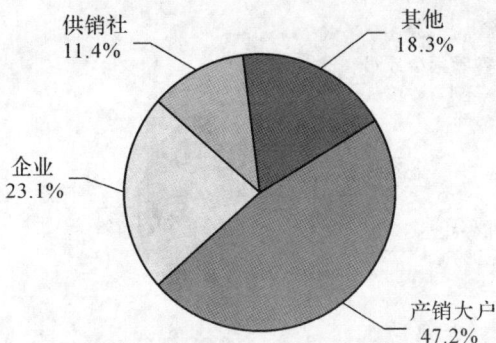

图 2-12　被调查社员参加的合作社的发起部门的分布情况

由以上调查可知，大部分社员参与合作社的时间不长，大部分社员入了股金，但普遍金额不大，在合作社总股本中所占比例不高。从社员参加合作社的途径来看，主要以自愿参加为主；从所参加的合作社的情况来看，主要以产销大户发起的合作社为主。

2.2.3　被调查社员参与合作社经营管理情况

当被问及"是否任何人想参加就可参加所在合作社"时，56.1％的被调查社员回答是，而43.9％的被调查社员认为不是。

对于合作社员的主要来源，被调查社员中有69.5％来自本村，23.4％回答主要来自邻村，只有7.1％的被调查社员回答主要来自其他村，见图2-13。

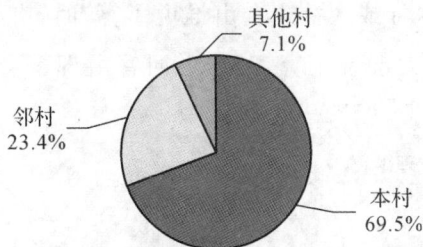

图 2-13　被调查社员所在合作社社员来源情况

而从被调查社员对所在合作社其他社员的熟悉程度来看，有49.0％回答熟悉全部社员，38.9％回答熟悉部分社员，只有12.1％认为只熟悉很少社员，见图 2-14。

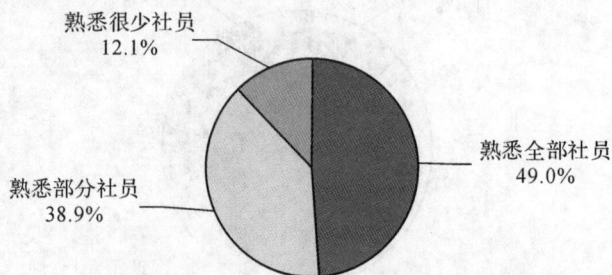

图 2-14 被调查社员与本社其他社员熟悉程度的分布情况

至于被调查社员与所在合作社社长的熟悉程度，被调查社员中有 50.5％回答很熟悉，33.2％回答比较熟悉，但仍有 16.3％回答不熟悉，见图 2-15。

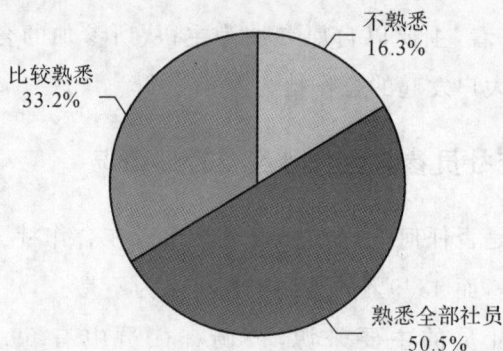

图 2-15 被调查社员与所在合作社社长熟悉程度

当问及"社员退社或入社决定由谁说了算"时，有 47.4％的被调查社员回答由社员代表大会说了算，32.4％回答由理事会说了算，而 20.2％回答由社长或理事长说了算，见图 2-16。

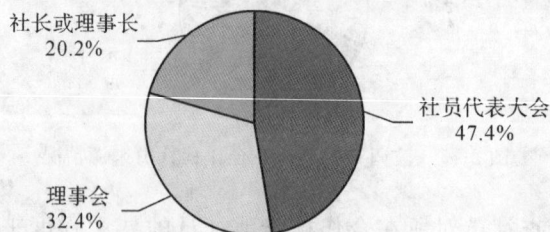

图 2-16 社员入退社由谁说了算

当问及"所在合作社里的事情由谁说了算"时,被调查社员中有44.6%回答由社员代表大会说了算,28.5%回答由社长或理事长说了算,而26.9%回答由理事会说了算,见图2-17。

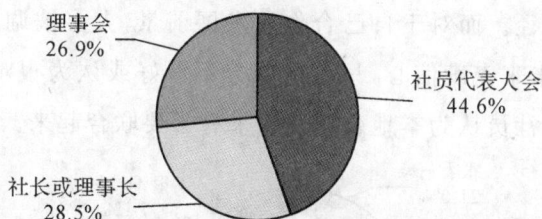

图 2-17　合作社里事情由谁说了算

从调查中可以看到,被调查社员表达意见的方式中,有40.2%是通过社员代表大会,36.0%通过理事会或理事长,只有10.3%通过监事会,10.6%选择不提意见,随它去,还有2.9%会通过威胁退出合作社的方式来表达意见,见图2-18。

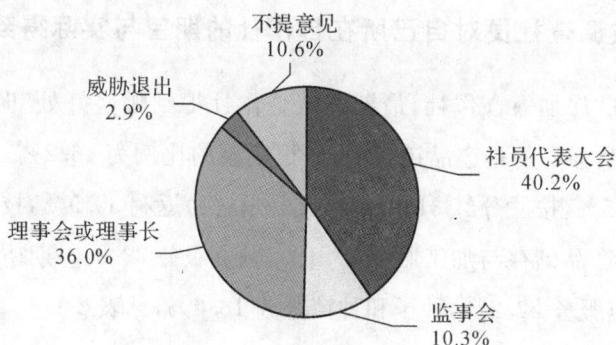

图 2-18　被调查社员表达意见途径的分布情况

当谈到对自己合作社未来发展前景的看法时,有50.5%的被调查社员看好,21.0%的被调查社员很看好,只有12.6%的被调查社员不太看好或很不看好,还有15.9%选择很难预料,见图2-19。

当问到"本地合作社将来有否必要联合起来"时,75.4%的社员认为有必要,只有24.6%的社员认为没必要。

从以上调查可以看出,被调查合作社的社员大部分来自本村,被调查社员大多熟悉其他大部分社员,且大多与社长较熟悉,社员入退社及合作社事务大多通过社员代表大会,部分通过理事会或理事长解决,社员表达意见也大多通过社员代表大会,一部分通过理事会或理事长,较少通过监事会或其他途径。而对于自己合作社发展前景,大多被调查社员还是比较看好的,对未来充满信心,只有少部分不看好或认为很难预料。另外,大部分被调查社员认为本地合作社将来有必要联合起来。

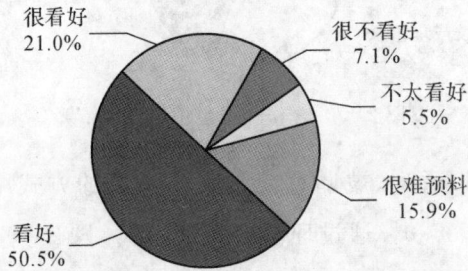

图 2-19　被调查社员对自己合作社前景的看法的分布情况

2.2.4　被调查社员对自己所在合作社的期望与实际得到的好处

当问到"您加入合作社,最期望从合作社得到哪些好处"时,从调查结果看,期望最强烈的是产品销售服务,很期望的比例为 46.2%,其次是卖个好价格 39.5%,按股分红 31.8%,按交易量(额)返利 30.9%,技术服务和培训 27.2%,产品储存与加工服务 27.1%,融资服务 22.6%,期望最不强烈的是农资供应服务 22.2%,种子和种苗服务 18.0%,见表 2-1。

表 2-1　被调查社员加入合作社期望得到的服务及期望程度　　　　单位:%

服务内容	不期望	有点期望	比较期望	期望	很期望
种苗服务	14.3	10.9	15.3	41.5	18.0
技术培训	3.7	7.6	15.3	46.2	27.2
农资供应	7.5	8.2	16.4	45.7	22.2
方便销售	2.3	2.7	8.7	40.1	46.2
卖好价格	0.0	3.9	14.5	42.1	39.5
储存加工	12.7	9.9	17.6	32.7	27.1
融　　资	15.8	16.5	14.3	30.8	22.6
返　　利	12.1	6.0	9.2	41.8	30.9
按股分红	14.9	7.3	9.0	37.0	31.8

当问到"加入合作社后,您家从合作社得到了哪些好处"问题时,从调查结果可知,社员实际得到卖个好价格、技术和培训服务、方便产品销售等服务的比例最高,分别是97.3%、85.4%、84.8%;其次是种子和种苗服务、农资供应、按股分红、按交易量(额)返利,分别占73.8%、73.8%、66.8%、66.8%;比例最低的是产品储存与加工服务59.7%,融资服务56.0%。虽然,实际得到的比例相对较高,但与社员强烈的期望相比,这些服务并未满足社员的期望,其中差距最大的是融资服务和产品储存与加工服务,分别存在28.2%和27.6%的差额;其次是按交易量(额)返利21.1%,农资供应服务18.7%,按股分红18.2%,方便销售服务12.9%;差距最小的是卖个好价格2.7%,技术和培训服务10.9%,种子和种苗服务11.9%。具体见表2-2。

表2-2　参与社员期望从合作社得到服务与实际得到服务的比例及差距　　　单位:%

	期望得到服务的比例		实际得到服务的比例		实际得到与期望差距
	是	否	是	否	
种苗服务	85.7	14.3	73.8	26.2	−11.9
技术培训	96.3	3.7	85.4	14.6	−10.9
农资供应	92.5	7.5	73.8	26.2	−18.7
方便销售	97.7	2.3	84.8	15.2	−12.9
卖好价格	100.0	0.0	97.3	2.7	−2.7
储存加工	87.3	12.7	59.7	40.3	−27.6
融 资	84.2	15.8	56.0	44.0	−28.2
返 利	87.9	12.1	66.8	33.2	−21.1
按股分红	85.1	14.9	66.9	33.1	−18.2

对于实际得到服务的社员进行满意度调查,结果显示,社员的满意度普遍比较高,很不满意、不满意的比例极少,其中卖好价格、种苗服务、技术培训服务、农资供应服务的不满意比例极低,基本满意、满意、很满意占据95%以上的比例,尤其是卖好价格满意度很高。相比前四项服务而言,产品储存加工服务、融资服务、按股分红、按交易量(额)返利的满意度相对较低些,其中产品储存加工服务的很不满意、不满意比例最高,达到

17.7%,见表2-3。

表2-3　被调查社员加入合作社得到服务的满意度评价　　　　　单位:%

	很不满意	不满意	基本满意	满意	很满意
种苗服务	2.1	3.0	31.3	39.9	23.6
技术培训	3.0	2.6	29.1	38.5	26.8
农资供应	2.6	3.1	32.2	39.6	22.5
方便销售	0.0	6.6	25.2	36.8	31.4
卖好价格	0.0	0.0	18.3	47.9	33.8
储存加工	0.6	17.1	26.5	36.5	19.3
融　资	1.8	13.0	34.3	35.5	15.4
返　利	1.9	6.8	27.2	35.9	28.2
按股分红	1.9	8.7	21.3	40.1	28.0

　　当问到"您加入合作社后,您家产品生产与销售方面与没有参加合作社前相比有了哪些变化"问题时,81.10%的被调查社员选择单位产量提高,平均提高32.12%;69.60%的被调查社员选择单位产品成本降低,平均降低9.48%;79.50%的被调查社员选择单位产品销售价格提高,平均提高15.50%;85.30%的被调查社员选择收入提高平均提高40.96%,见表2-4。从以上调查可知,加入合作社后,社员的经营绩效普遍提高。

表2-4　加入合作社后的实际绩效　　　　　单位:%

对比项目	实际绩效对比			提高或降低平均百分比
单位产量有否提高	有提高	没有提高		提高平均百分比
	81.1	18.9		32.1
产量有否稳定	明显稳定	有所稳定	没有稳定	—
	30.5	30.9	8.6	
质量有否提高	明显提高	有所提高	没有提高	—
	41.3	47.1	11.6	
成本有否降低	有降低	没有降低		降低平均百分比
	69.6	30.4		9.5
销售价格有否提高	有提高	没有提高		提高平均百分比
	79.5	20.5		15.5
单位价格有否稳定	明显稳定	有所稳定	没有稳定	—
	31.8	51.8	16.4	
收入有否提高	有提高	没有提高		提高平均百分比
	85.3	14.7		41.0

2.2.5   被调查社员对自己所在合作社发展情况的满意度

当问到对所在合作社目前在为社员服务、社员凝聚力、产品市场知名度、提高社员收入、合作社自身盈利能力、带动当地产业发展、在当地社会影响力等方面的满意度时，多数社员比较乐观，较满意自己合作社的发展，尤其在带动当地产业发展及在当地社会影响力方面满意率更是高达97.4％和98.7％，但在为社员服务、社员凝聚力、提高社员收入、合作社自身盈利能力等方面的不满意率也分别达到37.7％、46.8％、38.4％和43.1％，见表2-5。

表 2-5   被调查社员对自己合作社发展的满意度   单位：％

	很不满意	不满意	基本满意	满意	很满意
社员服务	22.7	15.0	26.7	23.6	12.0
凝聚力	30.3	16.5	23.2	20.2	9.8
知名度	0.6	13.3	31.8	35.3	19.0
提高收入	26.5	11.9	21.9	26.5	13.2
盈利	30.1	13.0	25.0	20.5	11.4
带动产业	0.0	2.6	19.2	62.8	15.4
影响力	0.0	1.3	16.9	53.2	28.6

当问答"您对目前所在合作社发展情况的总体评价如何"的问题时，只有0.59％被调查社员回答很不满意，不满意的占3.53％，基本满意的占29.41％，满意的占44.71％，很满意的占21.76％。可见，被调查社员对自己所在合作社发展状况总体是满意的。

2.3   结论与启示

基于以上的调查数据，可以得出以下几点结论与政策建议：

第一，从参与合作社的社员基本情况来看，社员年龄结构偏老，文化程度不高，对合作社知识了解不够，应加强合作社知识的教育和《农民专业合作社法》的宣传。从调查结果看，参与合作社社员的年龄结构老化，文化程度低。同时社员对合作社运作知识，尤其是《农民专业合作社法》的了解不够，这就必需加强合作社知识教育和《农民专业合作社法》的宣传力度，为合作社的发展扫除各种思想障碍。一方面，要对各级政府分管农业的领导、农业及相关部门干部、专业合作社的负责人进行专题培训；另一方面，要通过电视、报纸等大众媒体，宣传普及合作思想、合作原则及合作社的重要作用和意义，增强农民的合作社知识。

第二，从社员参与合作社情况来看，普遍参与时间不长，但以自愿参与为主，参加的合作社近半数是农业大户发起的，要正确处理好合作社与农业大户的关系。从调查结果看，农民加入合作社的时间比较短，其加入主要是因为看到了合作社提供的各项服务。因此，合作社就要以对内服务为宗旨，对合作社社员开展技术服务和培训，信息咨询，农资供应、提供产前、产中、产后服务等，且不以盈利为目的；增强农民间的互助合作，形成利益共享、风险共担的机制，维护农民的利益，提高农民在市场活动中的谈判地位。此外，调查显示，近一半的合作社是由农业大户发起建立的，因此很有必要处理好合作社与农业大户的关系。合作组织发展初期，依靠一些农业大户的带动，是非常必要的，但应尽量避免一股独大、股权结构不合理，及内部管理少数人说了算、缺乏民主管理的现象。

第三，社员对合作社提供的服务期望都很高，实际得到服务比例最高的是卖个好价格、技术和培训服务、方便产品销售，期望与实际得到服务差距最大的是产品储存加工、融资，实际得到服务满意度最高的是卖个好价格，最低的是融资服务；应增强专业合作社自身能力，为社员提供多元化服务。农民专业合作社以其成员为主要服务对象，提供农业生产资料的购买，农产品的销售、加工、运输、储存以及与农业生产经营有关的技术、信息等服务。从调查结果来看，社员期望得到的服务是多元化的，但合作社实际提供的服务与其有较大的差距，尤其是产品储存与加工服务、融资服务。从社员满意度角度而言，卖好价格、种苗服务、技术培训服务、农资供应服务的满意度很高，合作社在这些传统服务项目上得到了社员的认可。但是，针对社员需求的多元化，合作社在产品储存加工、融资、分红、返利等服务上存在较大不足。合作社主要是由社会弱势群体联合而成的经济组织,一般不具备足够的经济实力,以入股的方式组建合作社可以使合作社快速筹集起较大规模的自有资金,但是允许社员自由入社、退社,而且社员在退社时可以将股金带走,这就造成了自有资金的不稳定,这一方面影响了合作社的持续稳定发展,另一方面也削弱了合作社的资信能力。合作社自身缺乏资金支持,综合实力不强,这严重妨碍了合作社提供多元化的服务,尤其是对社员的融资服务。

第四,社员对合作社发展总体是满意的、前景是乐观的,社员主要通过社员代表大会发表意见,合作社发展过程中存在满足社员需求、提高社员收入、合作社盈利问题;应全面落实《农民专业合作社法》,完善农民专业合作社的组织机构,加强合作社高效运作和管理。《农民专业合作社法》规定,农民专业合作社的组织机构一般由权力机构、执行机构和监督机构组成。权力机构是指农民专业合作社成员大会,执行机构是指合作社的理事长或理事会,监督机构是指合作社的执行监事或监事会等。首先,从调查结果分析,76.2%的被调查社员通过社员代表大会或理事会或理事长表达意见,而社员代表大会是社员表达意见的最主要途径,完善农民专业合作社的组织机构,尤其是完善社员代表大会制度,使社员更好地行使权利,充分表达自己的意见,落实民主管理。其次,建立和健全符合农民专业合作社要求的内部管理制度,包括财务管理制度、奖励制度等。从调查结果分析,目前社员认为存在的问题主要是满足社员需求、提高收入、合作社盈利的问题。完善内部管理制度,聘任有能力的理事长、财务会计、销售人员,以保障合作社操作运行的规范化、高效率和高效果。最后,还要充分发挥监事会和社员的监督作用,实行社务公开,促使合作社健康发展。

3 农户参与农民专业合作社的意愿及影响因素分析

3.1 引 言

自 2007 年 7 月 1 日《中华人民共和国农民专业合作社法》正式实施以来,农民专业合作社在中国各地蓬勃兴起,合作社数量快速增长,入社农户不断增加,截至 2010 年 6 月底,在工商部门登记的合作社超过 31 万家,比该法实施前翻了一番;实有入社农户 2600 万左右,约占全国农户总数的 10%,参加的农户比例还是不高。如何加快发展农民专业合作社,吸引更多的农户参与合作社已成为当前中国农民专业合作社发展迫切需要研究的问题之一。

近年来,国内学者们对于农民专业合作社的发展给予了高度的关注,理论界也已经出现了很多有价值的研究成果(牛若峰等,1999;黄祖辉等,2002;黄胜忠等,2008)。但是,综观这些学者的研究,主要是从宏观角度,特别是合作社本身的角度出发,如研究合作社的治理机制(黄胜忠等,2008)、研究合作社的功能(崔宝玉等,2008)。其研究方法主要是以规范分析为主,实证分析的比较少。从微观角度,特别是农户自身的角度出发,运用全国农户调查数据对农户参与专业合作社的意愿及影响因素进行实证研究的成果不是很多(孙亚范,2003;郭红东等,2004;钟智利等,2008)。在市场经济条件下,农民专业合作社发展和最终实施的主体应该是农户,中国农民专业合作社的健康发展应以尊重农户的意愿为前提,以满足农户发展需求为根本目的。因此,研究农户参与合作社的意愿以及影响因素,对于把握中国农民专业合作社发展方向和制定相关政策具有重要的理论与现实意义。

3.2　影响农户参与专业合作社意愿因素的理论假设

农户作为理性经济人,其行为也追求自身利益最大化。那么,农户是否参与合作社的决策就是基于其参与前后的收益比较。如果其参与合作社后的净收益大于未参与合作社的收益时,农户就会做出参与合作社的决策。其中,净收益是指参与合作社后的收益减去参与合作社需要付出的代价,包括入社费、资金入股的机会成本等。目前关于影响农户参与农民专业合作社的意愿及影响因素,不少学者进行了卓有成效的研究。例如,孙亚范(2003)认为,农户对专业合作经济组织的认知程度是影响农民参与专业合作经济组织行为的主要因素。郭红东等(2004)认为农户户主的文化程度、生产的商品化程度、农产品卖难问题、政府支持程度等是影响农户是否参与农民专业合作经济组织的重要因素。周月书和赵敏(2007)认为农户对合作社的认知程度、当前生产状况和销售状况、农户对合作社的评价是重要的影响因素。钟智利和周娟等(2008)把影响农户对农民专业合作经济组织需求的因素归纳为农户自身因素和外部环境,并选择了农户的户主特征和农户的经营特征来表征农户自身因素,农村贫富差距、有关部门提供的服务及现有的各种合作经济组织等因素来表征外部环境。

根据已有的研究成果,本章把影响农户参与专业合作社意愿的因素归纳为农户自身因素和外部环境因素。外部环境因素主要是指市场特征和当地经济环境,农户自身因素主要是指农户户主特征和农户生产经营特征。具体这些因素对农户参与专业合作社意愿影响的假设如下:

1. 农户户主特征

农户户主特征主要是指农户户主的文化程度、年龄和对专业合作社的认知程度。一般来说,户主的文化程度越高其接受新事物、新知识的速度也越快,因而文化程度较高的农民对专业合作社的认知程度相应较高,其加入的意愿就相对比较大。关于年龄这个变量,从理论上说,它对参与行为的影响并不明确。一方面,在中国农村,农民的年龄与文化程度呈明显的负向关系,农民年龄越大对专业合作社的认知程度越低,因而其参与的意愿可能越低;但是另一方面,如果年龄大到一定程度,农民受自身能力和精力的限制,生产和销售过程中面临的困难会比较多,更希望得到专业合作社的帮助,因此其参与的意愿又可能会较高。关于农户对专业合作社的认知程度这个变量,从理论上来说,如果农户的认知程度越高其参与意愿就会越高。

2. 农户生产经营特征

农户生产经营特征主要是指农户的经营规模、兼业化程度与商品化程度。从理论上讲,经营规模大的农户,由于其产品的销售量、资金的需求量相对较多,在经营过程中遇到的问题比一般小规模经营农户要多,因而参与专业合作社的愿望可能会比较强烈。同时,农业经营兼业化程度低的农户,由于对农业收入的依赖性强,参加专业合作社有可能带来的预期收益要高于兼业化程度高的农户,因而其参与意愿可能会高于兼业化程度高的农户。农户的商品化程度在本章中主要是指农户所种植的农产品用于出售的比例。农产品商品化程度越高,它的相对投入和生产风险也越大,因此其参与专业合作社的意愿也就更强烈。

3. 农产品销售市场特征

农产品销售市场特征主要是指农产品价格波动幅度和农产品销售难易程度。一般认为,农产品价格波动越大,农户获取预期收益的风险也越大,因而其参与合作社的愿望也就越强烈。至于农产品销售难易程度,如果农户在销售过程中遇到的困难越多,他就越希望借助合作社来实现统一销售,因而其参与专业合作社的愿望也就越强烈。

4. 当地政府的支持程度

当地政府的支持程度主要影响专业合作社的创立成本和运行成本,

并且政府的支持程度也会影响当地农户对合作社的认知程度,这样会更有利于农民专业合作社的发展,也有利于农户对专业合作社增加了解,更有意愿加入。

3.3 影响农户参与专业合作社意愿因素的实证分析

3.3.1 数据来源

本次调查问卷主要是由浙江大学"三农"协会以及农业经济管理专业学生利用 2009 年 2 月份寒假回家调查获得,共发放问卷 1004 份,收回 1004 份,其中有效问卷 984 份,有效率达 98.0%。本次调查共涉及 23 个省,由于生源关系,样本选取方面以浙江省的偏多,占总样本数的 63.7%。

3.3.2 被调查农户参与专业合作社的总体情况

从调查情况来看,只有 11.0% 的被调查农户参加了农民专业合作社,89.0% 的被调查农户还没有参加。当对没有参加农户,问到是否有意愿参与合作社问题时,55.1% 的被调查农户表示愿意参加,44.9% 的被调查农户表示不愿意参加。这表明,目前中国农民参与专业合作社的比例并不高,而农户的参与意愿却比较高。

当问到为什么没有参加合作社这一问题时,被调查有意愿参加而没有参加的农户中,高达 87.6% 的农户选择了附近没有合作社,7.9% 的农户选择了参与合作社成效不大。

从被调查农户参与合作社的年数来看,农户加入合作社的年数并不长,其中加入时间在 1~3 年的农户所占比例为 68.8%,而加入时间为 4~6 年的占 22.9%,加入时间在 6 年以上的仅占 8.3%。这在一定程度上反映了中国农民专业合作社发展还处于起步阶段。

3.3.3 实证模型

基于前面的理论分析,本章将农户参与农民专业合作社意愿(以下简称"参与意愿")定为以下几个变量的函数:①农户户主个人特征;②农户生产经营特征;③农产品销售市场特征;④当地政府政策。在此,将其归纳为以下函数形式:

农户参与意愿＝F(农户户主个人特征变量,农户生产经营特征变量,农产品销售市场特征变量,政策因素特征变量)＋随机干扰项。

模型中相关变量说明见表 3-1。

表 3-1 实证模型解释变量说明

变量名称	变量定义	平均值
农户户主个人特征:		
户主年龄	户主的年龄(年)	49.16
户主文化程度	小学以下＝1;小学＝2;初中＝3;高中＝4;高中以上＝5	2.66
是否了解合作社	不了解＝0;了解＝1	0.55
农户生产经营特征:		
商品化程度	用于销售的农产品产量占总产量的比例(%)	68.17
经营规模	很小＝1;中等偏小＝2;中等偏大＝3;较大＝4;大＝5	2.82
兼业化程度	非农为主＝0;以农为主＝1	0.55
农产品销售市场特征:		
价格波动情况	很稳定＝1;比较稳定＝2;基本稳定＝3;波动较大＝4;很大＝5	3.32
产品销售问题	没问题＝1;问题较小＝2;问题较大＝3	2.15
当地政府政策:		
有无政策支持	当地政府是否从政策上支持:没有＝0;有＝1	0.55

3.3.4 计量方法的选择

本项研究所调查的是农户参与合作社的意愿,也即农户是否愿意参加合作社,结果只有两种,即愿意参加和不愿意参加。在研究方法上,本章采用二元 Logistic 回归分析模型。在处理过程中,采用后向筛选法:首先把所有变量引入回归方程;其次进行参数的显著性检验,把 t 值最小的那个变量剔除;最后再重新拟合回归方程,并进行参数检验,直到方程中变量的回归系数的 t 值基本显著为止,以此来达到模型的最优拟合。

3.4　结果与讨论

通过 SPSS 统计软件,采用以上所说的研究方法,总共得出 8 种计量估计结果。从各种模型的运行结果来看,模型整体检验基本上都可以,不同的统计模型其估计结果和结论也基本相似,估计结果均比较稳定。鉴于篇幅大小,本章只列出 3 种估计结果(见表 3-2)。

表 3-2　影响农户参与农民专业合作社意愿的 Logistic 模型回归结果

解释变量	模型 1			模型 2			模型 3		
	B	S. E	Sig	B	S. E	Sig	B	S. E	Sig
常数项	−3.575	1.651	0.030	−4.049	1.102	0.000	−2.642	0.761	0.001
户主年龄	−0.006	0.019	0.755						
户主文化程度	−0.040	0.189	0.831						
是否了解合作社	0.924	0.322	0.004	0.915	0.321	0.004	0.891	0.309	0.004
兼业化程度	0.923	0.309	0.003	0.910	0.304	0.003	0.901	0.300	0.003
商品化程度	0.026	0.006	0.000	0.026	0.006	0.000	0.025	0.006	0.000
经营规模	−0.542	0.139	0.000	−0.547	0.139	0.000	−0.560	0.138	0.000
价格波动情况	0.127	0.176	0.470	0.126	0.174	0.468			
产品销售问题	0.762	0.213	0.000	0.752	0.208	0.000	0.790	0.205	0.000
有无政策支持	0.863	0.310	0.008	0.864	0.324	0.008	0.859	0.317	0.007

根据模型估计结果,将影响农户参与农民专业合作社意愿的因素归纳如下:

第一,户主对合作社的认知程度是影响农户参与农民专业合作社意愿的重要因素。从各个模型的结果来看,户主是否了解合作社这个变量的系数均在 1% 统计检验水平显著,而且系数符号为正。这说明在其他条件保持不变的情况下,了解合作社的农户更有意愿加入合作社。这一结果与预期分析一致。也就是说,户主对合作社是否了解是影响农户参与专业合作社非常重要的因素。年龄变量系数和户主文化程度则没有达到显著水平。

第二，农户的经营规模对于农户是否愿意加入这一组织有显著的影响。从各个模型的结果来看，这一变量的系数均在1％统计检验水平显著，但是符号为负。这说明在其他条件保持不变的情况下，农户的规模化程度越显著，其加入合作社的动机反而越不强。这可能与规模经济的作用有关，农户的经营规模越大，其本身就存在规模经济的好处，并且农户在做大做强的过程中积累了一定的经验，其加入的意愿就降低了。

第三，农户的兼业化程度对农户是否参与专业合作社意愿有显著影响。从各个模型的结果来看，这一变量的系数均在15％统计检验水平显著，而且符号为正。这说明在其他条件保持不变的情况下，以务农为主的农户更有意愿参与合作社。这一结果也与前面的分析一致。

第四，农户生产的商品化程度对农户参与专业合作社具有一定的影响。从各个模型的结果来看，这一变量的系数均在1％统计检验水平显著，而且符号为正。这说明在其他条件保持不变的情况下，生产的商品化程度越高，农户加入合作社的意愿就越强烈。

第五，产品卖难问题是影响农户参与农民专业合作社的重要因素。从各个模型的结果来看，产品卖难问题这个变量均在1％统计检验水平显著，而且符号为正。这也说明了在其他条件保持不变的情况下，农户所生产的产品越是卖不出去，其加入合作社的愿望就越强烈。这与前面的假设预期一致。

第六，政府的支持对促进农户参与合作社具有显著的推动作用。从各个模型的结果来看，政府是否支持合作社这个变量的系数均在10％统计检验水平显著，而且系数符号为正。这说明在其他条件保持不变的情况下，政府对合作社成立或发展壮大支持力度越大，农户参与合作社的愿望就越强烈。这也与笔者前面的预期相一致。

3.5　结论与启示

本章通过对全国部分农户的调查数据,分析了农户参与农民专业合作社意愿及其影响因素。研究结果表明,农户参与专业合作社的意愿受到户主对合作社的认知程度、农户生产的兼业化程度、商品化程度、经营规模、产品销售问题以及政府是否支持等多方面因素的影响,并随着这些因素的变化而变化。

基于这些研究的结论,笔者提出如下几点政策启示:

第一,农户参与合作社的行为受到多方面因素的共同影响,有其内在规律性。因而,政府在制定发展农民专业合作社政策时必须尊重农民的意愿,不能强求。

第二,不同农户在生产经营过程中遇到的问题不同,卖难问题已经成为农户生产经营过程中遇到的最大问题。因此,一定要加强合作社的市场营销能力。

第三,在推动专业合作社发展的过程中,政府应加大对合作社的支持力度。农户都是经济人,只有在看到加入合作社对其自身有利的情况下才愿意加入。同时,政府要加强对合作社的宣传。实践证明,合作社是一个有效的经济组织。但是,农户只有在了解它的情况下才会有动力加入。

4 影响社员对农民专业合作社社长信任的因素分析

4.1 引 言

　　近年来,虽然随着中国农民专业合作社外部发展环境的不断改善,农民专业合作社发展很快,但是,目前在其发展过程中仍然还存在不少问题,其中一个比较突出的问题是合作社内部凝聚力不强。究其原因是多方面的,其中非常重要的一个原因是农民专业合作社内部社员与社员之间以及社员与社长之间的信任不足。虽然有关信任问题的研究由来已久,但直到20世纪50年代,信任问题才成为西方社会科学研究的一个重要课题。20世纪70年代以来,西方学者纷纷从各自学科出发研究信任问题,在西方学术界掀起了一股信任问题研究的热潮。20世纪90年代以来,信任问题逐渐成为中国学术界的研究热点,发表了大量的研究论文和专著,并对中国社会中一般信任问题进行了不少实证研究,取得了不少重要成果(彭泗清,1999;王绍光、刘欣,2002;张维迎、柯荣住,2002;孙昕、徐志刚等,2007;李涛、黄纯纯等,2008)。但对中国农村社会信任尤其是农民专业合作社内部的信任问题,实证研究成果则很少。因此,研究影响社员对社长信任的因素,提高社员对社长的信任度,对于促进社员与社长之间的合作行为,促进农民专业合作社健康发展,具有重大的理论与现实意义。

4.2　文献综述

信任是一种态度,是指相信某人的行为或周围的秩序符合自己的愿望(郑也夫,2001)。信任是合作经济行为赖以发生和存在的必要条件。大多数关于信任研究的文献将信任与合作紧密相连,并强调在经济行为中,权力、市场和信任一起作为促成和维系合作的三种机制(Powell,1990)。

从国内外有关影响信任的因素的研究成果来看,主要集中在两个方面:一是研究组织内部信任的影响因素;二是研究组织间信任的影响因素。影响公司员工对上司信任的因素研究,是目前组织内部信任研究的重点,也已经取得了一些非常好的成果:从国内外这方面已有的研究成果来看,能力、正直、声誉、关系、关心等因素是影响员工对上司信任的关键因素。

能力是指被信任者在特定领域内具有影响力的技能和特征的集合。能力作为信任的影响因素被许多学者的研究所重视。Deutsch(1958)认为,能力是影响信任的一个重要因素;McAllister(1995)认为,认知型信任依赖于被信任者的能力而产生,能力越强越能得到别人的信任;Sako(1992)则认为,信任受被信任者实现目标能力的影响;黄维德、苏庆翔(2007)在有关知识员工对雇主的信任的实证研究中发现,雇主的能力与员工的信任度有显著的正相关关系。

人品也会对信任产生影响。国外学者的研究表明,正直的人品对信任有正向的作用。Lieberman(1981)将正直作为一个重要的信任影响因素;Butler(1984)则把正直和一致性作为信任的决定性因素;McFall(1987)将个人正直定义为遵守一系列规则,并通过实证研究证明了正直对于信任的重要性;Dasgupta(1988)总结了两种影响员工信任其管理者的关键正直行为:陈述事实和遵守诺言;Butler(1991)进一步将一致性、正直和公平作为信任的前提条件。

良好的声誉有助于信任的形成。Zucker(1986)的观点系统地阐明了主要的信任产生机制。Zucker 区分了三种机制，其中之一就是由声誉产生信任——根据对他人过去的行为和声誉的了解而决定是否给予信任。Zucker 认为，声誉好的人能得到信任。Whitley（1991）和 Yoshihara（1988）等人认为，华人社会中主要是通过声誉和关系产生信任，而法制化的信任很少。

关系有助于信任的建立。韦伯将信任分为特殊信任和一般信任。前者以血缘性社区为基础，建立在私人关系和家族或准家族关系上；后者以信仰共同体为基础。虽然人与人之间的血缘关系是先天赋予和无法改变的，但在后天生活中，人们仍能够通过多种方式，例如认干亲、拜把子、套近乎、做人情等，将这种先天注定的血缘关系进一步泛化、扩展和延伸到与没有血缘联系的其他人的交往关系之中，最终就形成了费孝通所说的"差序格局"（李伟民、梁玉成，2002）。在社会学研究中，关系也是"社会资本"所包容的重要内容。彭泗清（1999）通过自己的实证研究，揭示了在中国人的人际信任建构中，相互之间信任的程度并非取决于双方拥有的关系中所包含的先天的联结（例如血亲关系）或后天的归属（例如同学、同事关系），而主要是取决于两人之间实质关系的好坏。在中国社会尤其是乡土文化中，关系对人际间信任的影响得到了学术界的普遍认可。

关心也会对信任产生影响。关心在一定程度上是指信任者相信被信任者会认真考虑其目的和要求。McAllister（1995）认为，情感型信任表现为对对方福利的关心，充分考虑对方的目的和要求；Hovland（1953）的实证研究表明，关心在信任的产生过程中具有重要的影响；Sahay（2003）指出，对他人动机的揣摩以及对他人的善意，是影响信任产生的重要因素。

在农民专业合作社方面，虽然目前国内外有关合作社内部社员与社员之间、社员与社长之间信任的研究成果还不多见，但也取得了一些相关成果，例如，Mark 等（2002）对合作社内部的信任问题进行了研究。他们从认知型信任和情感型信任两个维度出发，对影响社员与社员之间的信任、社员与管理者之间的信任的因素进行了研究。研究结果表明，种植规模、加入合作社年限、对管理者的认知、与管理者的关系以及不同合作社类型等对信任有影响。赵泉民、李怡(2007)运用社会资本理论研究了关系网络与中国乡村社会合作经济发展的问题,他们认为,中国社会关系取向在长期发展中形成了带有"圈子主义精神"的"熟人信任"。这种以亲缘和拟亲缘关系为基础的"特殊信任"是中国农民走向合作的行动逻辑,促使个体农民在面临市场挑战时合作行为发生及合作经济组织建立、发展,但同时也内在规定了合作对象及范围的"规模界限",最终制约了合作经济组织向更大规模、更大地域空间拓展。因为真正意义上的合作经济组织是需要以契约、产权等现代制度为基础的"普遍信任"来做支柱,而不是以亲缘、地缘关系为纽带的"个人信用"来维系。

4.3 影响社员对社长信任因素的假设

影响社员对社长信任的因素是多方面的。一方面,社长本身的特征因素,例如社长的能力和人品等因素,可能会影响社员对社长的信任;另一方面,社长与社员的关系也会影响社员对社长的信任程度。本章在上述已有研究成果基础上,结合农民专业合作社的特点,选择了合作社社长能力、人品、声誉、社长与社员关系以及社长对社员的关心五个方面,作为影响社员对社长信任的待验证因素,如图 4-1 所示。

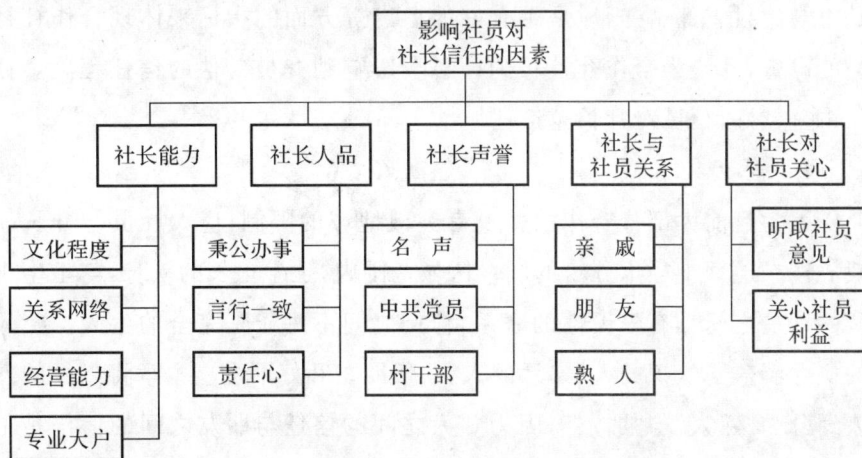

图 4-1 影响社员对社长信任因素实证分析框架

1. 能力因素

根据农民专业合作社本身的特征，结合以往的研究，本章用合作社社长的文化程度高低、社会关系网络是否广、自身致富能力是否强、自身是否专业大户等方面的指标来体现合作社社长的能力，并认为合作社社长自身的能力会影响到社员对他的信任程度。社长能力越强，社员对社长越信任。

2. 人品因素

在农村乡土社会中，人的品行对于提升自身的信任度有一定的作用。而且，农村社会中由于人口流动性小，居住范围小，一个人的品行好坏很容易传播给当地其他农民。本章根据农民专业合作社本身的特征，结合以往的研究，用合作社社长是否秉公办事、是否言行一致、是否有责任心等方面的指标来体现合作社社长的人品，并认为合作社社长人品好坏会影响到社员对他的信任程度。社长人品越好，社员对社长越信任。

3. 声誉因素

声誉是一种社会资本。在乡土社会中，农民的传统思维以及他们生活圈子小，使得他们更加关注个人的声誉。在农民专业合作社中，合作社社长是否有良好的声誉会影响到社员对他的信任程度。本章根据农民专业合作社本身的特征，结合以往的研究，用合作社社长是否为中共党员、是否当过村干部、在当地是否有好的名声等方面的指标来体现合作社社长的声誉，并认为合作社社长的声誉会影响到社员对他的信任程度。社长声誉越好，社员对社长越信任。

4. 关系因素

因为目前大部分合作社并没有突破地域的限制，广大社员与社长一般居住在地理半径十分小的同一区域范围内，土生土长的社长，与土生土长的社员之间具有先天性的联系，他们之间不可能是完全的生人。熟人的概念涵盖了认识的人、熟悉的人、一般朋友和好朋友。本章将以往的熟人划分为"熟人"与"朋友"，因为熟人之间的信任与朋友之间的信任是不一样的，这样也有利于更加深入细致地分析传统的熟人结构。因此，在本章采用"亲戚—朋友—熟人"的层次来划分社员与社长之间的关系类型。在合作社中,社员与社长的关系会影响社员对社长的信任程度,一般说来,关系越是亲密,信任程度会越高。

5.关心因素

在农民专业合作社中,社长对社员的关心很重要。社长经常与社员交往,问寒问暖,了解社员生活的现实状况和难处,倾听社员的意见,表扬社员为合作社作出的贡献,都是对社员的关心。这种关心,一方面有利于社长及时了解社员的想法并掌握社员的动态,另一方面也有助于增进社员对他的了解,这对于信任度的提升是十分有益的。在本章中,根据农民专业合作社本身的特征,结合以往文献的研究,把社长能否及时听取社员的意见、关心他们的利益以及能否及时肯定他们所作的贡献等方面的指标来体现社长对社员的关心的程度。社长对社员越关心,社员对社长越信任。

4.4　数据来源与研究方法

4.4.1　数据来源

本章所用的数据来自 2007 年 12 月至 2008 年 2 月浙江大学"三农"协会的同学以及笔者在浙江省所做的调查。对社员的调查问卷涉及社员的家庭基本情况、收入水平等,还涉及其所在合作社社长能力(文化程度、社会关系网络、经营管理能力、专业大户)、社长人品(责任心、言行一致、秉公办事)、社长声誉(党员身份、村干部身份、名声)、社员与社长关系(亲戚、朋友、熟人)、社会对社员关心(关心社员利益、听取广大社员意见)、社员对社长的信任状况等方面的信息。调查采取直接入户问卷调查的方式,在每个合作社随机调查 5 个社员,在浙江 9 个市(地)总共调查了 30 个合作社的 150 个社员,得到有效问卷 120 份,有效率达到了 80%。

4.4.2 研究方法

本章主要应用因子分析方法和二元 Logistic 回归分析法对影响社员对社长信任的因素进行了实证分析。因子分析法就是用少数几个因子来描述许多指标或因素之间的联系，以少数几个因子反映原始资料的大部分信息的统计学方法。这是因为在社会学、经济学等领域的研究中往往需要对反映事物的多个变量进行大量的观察，收集大量的数据以便进行分析，寻找规律。在大多数情况下，许多变量之间存在一定的相关关系。因此，有可能用较少的综合指标分析存在于各变量中的各类信息，而各综合指标之间彼此是不相关的，代表各类信息的综合指标称为因子。因此，本章首先用因子分析法对调研数据进行了因子分析，提取影响社员对社长信任的关键性因素，排除原有变量之间的共线性，然后应用二元Logistic回归分析法明确各个因素的显著性程度和相对作用的大小。本研究采用 SPSS 13.5 统计软件进行数据处理。

本章的自变量一般采用李克特五点量表。自变量的选取主要参照了国外人际信任和组织信任影响因素的相关研究，以及国内人际信任与组织信任的影响因素相关研究，尤其注重了农民专业合作社的农村乡土特征和经济组织特征。

信任变量为因变量，分为"不信任"、"有点信任"、"比较信任"、"信任"、"非常信任"五级。变量设置的综合信息见表 4-1。

表 4-1 实证模型变量的定义和均值   单位：%

变量名称	变量定义	平均值
文化程度	文盲＝1；小学＝2；初中＝3；高中＝4；高中以上＝5	3.17
社会关系网络	没有＝1；有一点＝2；比较强＝3；强＝4；很强＝5	4.18
经营管理能力	没有＝1；有一点＝2；比较强＝3；强＝4；很强＝5	3.95
专业大户	否＝0；是＝1	0.66

变量名称	变量定义	平均值
责任心	没有＝1;有一点＝2;比较强＝3; 强＝4;很强＝5	4.15
言行一致	从来没有＝1;偶尔能够＝2;基本能够＝3; 大多数时候＝4;始终能够＝5	4.07
秉公办事	从来没有＝1;偶尔能够＝2;基本能够＝3; 大多数时候＝4;始终能够＝5	4.20
中共党员	否＝0;是＝1	0.90
村干部	否＝0;是＝1	0.43
好名声	否＝0;是＝1	0.98
亲　戚	否＝0;是＝1	0.03
朋　友	否＝0;是＝1	0.53
熟　人	否＝0;是＝1	0.67
关心社员利益	从来没有＝1;偶尔能够＝2;基本能够＝3; 大多数时候＝4;始终能够＝5	3.92
听取社员意见	从来没有＝1;偶尔能够＝2;基本能够＝3; 大多数时候＝4;始终能够＝5	4.05
信任目前的社长吗	一点都不信任＝1;有点信任＝2;比较信任＝3; 信任＝4;非常信任＝5	4.03

4.5　结果与讨论

4.5.1　影响社员对社长信任因素的因子分析

要进行因子分析首先要对数据进行因子分析适合性检验。适合性检验表明,其 KMO 值为 0.674,Bartlett 球体检验结果显著($p＝0.000$),这说明,本调研的数据是适合做因子分析的。

为了获得良好的因子结构,本章首先采用主成分法对影响社员对社长信任的各个变量进行了因子分析,并采用方差最大正交旋转法进行了因子旋转,对其进行结构调整简化,得到了方差最大正交旋转的因子载荷矩阵(见表4-2)。

表 4-2 经方差最大正交旋转后的因子载荷矩阵   单位：%

影响因子	公因子				
	F_1	F_2	F_3	F_4	F_5
文化程度	0.589	−0.046	0.435	−0.350	−0.134
社会关系网络	0.347	0.181	0.305	−0.377	0.588
经营管理能力	0.890	0.023	0.246	0.018	0.138
专业大户	0.917	0.075	−0.108	0.122	0.005
责任心	0.331	0.312	0.417	0.156	0.453
言行一致	−0.043	0.751	−0.183	0.385	0.042
秉公办事	0.336	0.722	0.248	0.108	0.253
中共党员	−0.038	0.098	0.178	−0.046	0.763
村干部	−0.069	−0.275	0.048	0.381	0.431
好名声	−0.127	−0.046	−0.081	0.038	0.849
亲　戚	0.072	−0.023	0.738	0.315	0.129
朋　友	0.038	0.049	0.899	−0.031	−0.034
熟　人	−0.027	−0.007	0.697	0.432	0.196
关心社员利益	0.138	0.222	0.187	0.437	−0.039
听取社员意见	0.347	0.054	0.436	0.664	0.106
新因子命名	能力因子	人品因子	关系因子	关心因子	声誉因子
特征值	3.256	2.490	2.386	1.532	1.447
方差贡献率(%)	21.707	16.601	15.907	10.212	9.649
累计方差贡献率(%)	21.707	38.307	54.215	64.427	74.077

其中的因子载荷系数是用于反映因子和各变量相关程度的指标,它的绝对值越大,则表明当前变量对该因子的决定性或影响程度越大。表 4-2 数据显示,经过旋转各个因子所对应的载荷系数向两极分化,其中,5 个公因子的累计方差贡献率达到 74.077%。15 个具体的影响因子最终被综合成 5 个公因子。根据前面的研究假设,笔者分别将它们命名为"能力因子"、"人品因子"、"关系因子"、"关心因子"、"声誉因子"。

进一步分析经方差最大正交旋转后的因子载荷矩阵,笔者提取了因子载荷系数较大的自变量并进行了归类,获得了表 4-2 所示的公因子及其结构。表 4-2 数据显示,社长能力因子主要由社长文化、社会关系网络、经营管理能力和专业大户决定,其中,经营管理能力和专业大户是决定社长能力的最重要的两个因素;社长人品因子主要由责任心、言行一致和秉公办事决定,其中,言行一致和秉公办事是决定社长人品的最重要两个因素;社长与社员关系因子主要由亲戚、朋友和熟人决定,其中,朋友是决定社长与社员关系的最重要因素;社长对社员的关心因子主要由关心社员利益和听取社员意见决定,其中,听取社员意见是决定社长对社员关心的最重要因素;社长声誉因子主要由党员、村干部和好名声决定,其中,好名声是决定社长声誉的最重要因素。

4.5.2 影响社员对社长信任因素的回归分析

根据前面因子分析的结果,本章用5个公因子代替原来的15个因子作为自变量,进行回归分析。本章采用二元 Logistic 回归分析模型,并通过最大似然估计法对其回归参数进行估计。

设计模型时,本章以社员是否信任社长设为因变量 y,即 $0-1$ 型因变量,当社员回答"信任"、"非常信任"时,视为高的信任程度,定义为 $y=1$;当社员回答"一点不信任"、"有点信任"、"比较信任"时,视为低的信任程度,定义为 $y=0$。设 x_1, x_2, x_3, x_4, x_5 是影响社员对社长信任的5个公因子自变量,y_i 与 $x_{i1}, x_{i2}, \cdots, x_{i5}$ 的关系为:

$$E(y_i) = p_i = \beta_0 + \beta_1 x_{i1} + \beta_2 x_{i2} + \cdots + \beta_5 x_{i5} \tag{4-1}$$

y_i 概率函数为:

$$p(y_i) = f(p_i)^{y_i} [1 - f(p_i)]^{(1-y_i)}, y = 0, 1; i = 1, 2, \cdots, 5 \tag{4-2}$$

Logistic 回归函数为:

$$f(p_i) = \frac{e^{p_i}}{1 + e^{p_i}} = \frac{e^{(\beta_0 + \beta_1 x_{i1} + \beta_2 x_{i2} + \cdots + \beta_5 x_{i5})}}{1 + e^{(\beta_0 + \beta_1 x_{i1} + \beta_2 x_{i2} + \cdots + \beta_5 x_{i5})}} \tag{4-3}$$

于是 $y_1, y_2, \cdots, y_n$ 的似然函数为:

$$L = \prod_{i=1}^{n} p(y_i) = \prod_{i=1}^{n} f(p_i)^{y_i} [1 - f(p_i)]^{(1-y_i)} \tag{4-4}$$

对似然函数取自然对数,得:

$$\ln L = \sum_{i=1}^{n} \{ y_i \ln f(p_i) + (1 - y_i) \ln[1 - f(p_i)] \}$$

$$\ln L = \sum_{i=1}^{n} \left[y_i (\beta_0 + \beta_1 x_{i1} + \cdots + \beta_5 x_{i5}) - \ln(1 + e^{(\beta_0 + \beta_1 x_{i1} + \cdots + \beta_5 x_{i5})}) \right]$$

$$(4-5)$$

最大似然估计是选取 $\beta_0, \beta_1, \beta_2, \cdots, \beta_5$ 的估计值 $\hat{\beta}_0, \hat{\beta}_1, \hat{\beta}_2, \cdots, \hat{\beta}_5$，使得 (4-5) 式值最大。

本章运用 SPSS 13.5 统计软件对数据进行了 Logistic 回归处理。在处理过程中，采用了全部纳入法，将全部公因子一次性全部纳入回归，得到如表 4-3 所示结果。

表 4-3　影响社员对社长信任影响因素二元 Logistic 模型回归结果

解释变量	B 值	标准化回归系数	Wald 值	幂值
常数项	2.791	0.911***	22.204	16.302
社长能力（F_1）	1.634	0.403***	13.391	5.126
社长人品（F_2）	1.560	0.311***	18.581	4.757
社长与社员的关系（F_3）	1.471	0.423***	7.958	4.355
社长对社员的关心（F_4）	0.969	0.184***	8.082	2.635
社长的声誉（F_5）	−0.615	0.203	1.052	0.540
预测准确率	91.7%			
−2 对数似然值	57.793			
Nagelkerke R^2	0.665			
卡方检验值	67.645***			

注：*** 表示统计检验达到 1% 显著性水平。

根据表 4-3 回归分析结果，可以得出如下几个结论：

1. 社长能力对社员信任有很大影响

从模型的结果来看，社长能力变量在 1% 水平上显著，标准化回归系数为第二大，这表明，社长能力对社员信任影响很大。也就是说，在其他条件不变的情况下，社长能力越强，社员对其信任度越高。

2. 社长人品对社员信任有比较大的影响

从模型的结果来看，社长人品变量在 1% 水平上显著，标准化回归系数为第三大，这表明，社长人品对社员信任影响也较大。也就是说，在其他条件不变的情况下，社长的人品越好，社员对其信任度越高。

3.社长的声誉对社员信任影响不明显

从模型的结果来看,社长的声誉变量的统计检验不显著。这与前面的假设不一致,有待于将来进一步研究。

4.社长与社员的关系对社员信任影响最大

从模型的结果来看,社员与社长的关系变量在1%水平上显著,标准化回归系数最大,这表明,社长与社员的关系对社员信任影响最大。也就是说,在其他条件不变的情况下,社长与社员关系越密切,社员对其信任度越高。

5.社长对社员的关心对社员信任有点影响

从模型的结果来看,社长对社员的关心变量系数的统计检验在1%水平上显著,标准化回归系数虽然比较小,但这表明社长对社员的关心也会对社员信任有一定影响。也就是说,在其他条件不变的情况下,社长越关心社员利益,社员对其信任度越高。

4.6 结论与启示

本章以浙江省部分合作社社员为例,分析了影响社员对社长信任的因素。研究结果表明,社长与社员关系紧密程度对信任影响最大,其次是社长的能力大小、社长的人品好坏以及社长对社员的关心程度。社长与社员关系主要体现为亲戚、朋友和熟人关系,其中,朋友关系是决定社长与社员关系的最重要因素;社长能力主要体现为社长文化程度、社会关系网络和经营管理能力,其中,经营管理能力是最能体现社长能力的指标;社长人品主要体现为责任心、言行一致和秉公办事,其中,言行一致和秉公办事是体现社长人品最重要的两个指标;社长对社员的关心主要体现为社长关心社员利益和听取社员意见,其中,听取社员意见是体现社长对社员关心的最重要指标。

因此,在合作社发展过程中,对于社长来说,要提高社员对自己的信任度,除了与社员要建立密切的关系外,还要不断提高自己的经营管理能力,带领社员把合作社办好,要秉公办事和富有责任心,同时还要更多地关心社员的利益,在办社过程中应当扩大民主,广泛听取社员意见。

5　农民专业合作社对农户收入影响的实证分析

5.1 引　言

　　如何客观地评价农民专业合作社对农户的增收效果以及合作社在农村经济社会的进步和发展中所起的作用,不仅在理论上有助于进一步加深对农民专业合作社的认识,而且可以从实践上考察中国农民专业合作社在现实中发挥的作用和存在的问题。这对于准确定位现阶段中国农民专业合作社发展态势,促进农民专业合作社进一步规范有序发展,进一步实现农业增效农民增收,进一步推进中国特色农业现代化道路都具有很强的现实意义。

　　关于合作社对农户收入的影响,目前国外已经有一些学者对其进行了实证研究。比如,Wollni 和 Zeller(2006)以哥斯达黎加的咖啡市场为例,研究结果表明,参加合作社农民能获得更高的市场销售价格;Maharjan 和 Fradejas(2006)通过对菲律宾生猪养殖户的实证研究发现,菲律宾的合作社在家庭生猪养殖户的发展和获取收益过程中扮演了重要的角色,合作社能够使养殖户获得更多的经济利益,进而使得他们在食物、着装、教育、医疗等日常生活的各方面具备更高的消费能力;Theuvsen 和 Franz(2007)则分析了现代猪肉供应链中合作社的角色以及影响养猪合作社成功的因素,研究结果表明,合作社成功与否取决于合作社的服务项目是否能为农户增加收益。

目前,国内在合作社增加农户收入方面的实证研究还比较少见。比如,黄祖辉和梁巧(2007)以浙江省箬横西瓜合作社为例,对合作社社员和非合作社社员的生产成本和收益进行了比较分析,发现合作社有助于提高农民收入;孙艳华等(2007)则利用江苏省养鸡行业的调查数据,对农民专业合作社的增收绩效进行了实证分析,研究结果表明,利益联结是农民专业合作社发展成熟的关键,只有真正实现利润返还等合作社原则,加强农户与合作社的利益联结,合作社增收绩效才更显著。本章在前人研究的基础上,通过对浙江省仙居县参与杨梅合作社种植户与没有参与合作社种植户的调查,来分析农民专业合作社对农户收入的实际影响。

5.2 数据来源及本章所涉及合作社的基本情况

5.2.1 数据来源

本章调查的杨梅种植农户全部来自于浙江省仙居县。仙居县地处浙江省东南部(台州市下属县),全县总面积 2000 平方公里,总人口 48 万,辖20 个乡镇街道、722 个行政村。迄今,仙居县已有 1000 多年的杨梅栽培史。近几年仙居县大力发展杨梅产业,经过几年的快速发展,全县现有杨梅种植面积 11 万亩,居全国首位。2006 年,全县投产杨梅 4.5 万亩,杨梅总产量 3.5 万吨,总产值 3.2 亿元,全县农业人口人均杨梅单项增收近 800 元。仙居县所属的浙江省台州市,是中国最早一批农民专业合作社的发源地之一,也是农业部农民专业合作社发展的试点市。仙居县的杨梅专业合作社伴随着杨梅经济的蓬勃发展而出现,并且从一开始就呈现出良好的发展势头,在促进杨梅产业发展,提高杨梅种植户收益方面发挥了不可忽视的作用。2007 年,全县共有杨梅合作社 50 余家,联系果农 6000 余户。

本次调查的时间为 2008 年 1 月份,在正式调查前首先进行了实地预调查,并在预调查的基础上对问卷进行了修改;调查人员均为本专业的研究生同学,具有一定的专业理论基础和调查研究经验。为了保证调查数据的代表性,我们选择了仙居县4个重点杨梅主产区4个重点产梅专业村进行了入户问卷调查。这4个村分别为:赵岙村、桐桥村、西炉村和坎头村,在每个村各选择了25户参与和25户没有参与合作社的农户进行了调查,共发放了200份问卷,回收有效问卷160份,其中赵岙村45份、桐桥村50份、西炉村34份、坎头村31份。具体的样本分布见表5-1。

表 5-1   调查样本分布情况

	赵　岙	桐　桥	西　炉	坎　头	合　计
参加合作社(户)	24	25	10	21	80
未参加合作社(户)	21	25	24	10	80
合计(户)	45	50	34	31	160
所占比例(%)	28.00	31.30	21.30	19.40	100

5.2.2 本章所涉及合作社的基本情况

本次调查所涉及的4个地区均有杨梅合作社,并且有的地区还不止一家合作社。调查结果显示,调查样本中比较集中参加的合作社有赵岙果品专业合作社、农合杨梅专业合作社和横溪镇坎头专业合作社,参加这三个合作社的农户数分别为24户、20户和21户,分别占参加者总数的30%、25%和26.25%。这三家合作社是仙居县比较有代表性的杨梅专业合作社。这些合作社在建社目的上差异不大,差别主要体现在有否实行利润返还和提供的服务项目上。农合合作社和坎头合作社对社员进行了利润返还,而赵岙合作社没有实行。从仙居杨梅合作社提供的服务项目来看,各个合作社之间有区别,归纳起来主要有:统一供种、农资采购、生产技术标准、技术服务和培训、病虫害防治、提供市场信息、保鲜、统一品牌(包装)、按保护价收购成员产品、代理销售、联系买主和信用担保。其中,生产技术标准、技术服务和培训、病虫害防治、提供市场信息、保鲜、统一品牌(包装)等6个项目是三家合作社都有提供的。在其他的项目上,农合合作社和坎头合作社为社员提供农资采购服务、加工服务,并且按保护价收购成员产品;赵岙合作社和农合合作社为成员联系买主;提供统一供种服务的只有坎头合作社;赵岙合作社还可以为社员提供信用担保。

5.3 研究假说及模型的建立

5.3.1 研究假说

目前国内外对农户是否理性存在不同观点,认为农户是理性的观点的代表人物国外有西奥多·舒尔茨等、国内有林毅夫等。西奥多·舒尔茨在其著作《改造传统农业》中,通过对印度等地的资料研究,认为农民是在传统技术状态下有进取精神并已最大限度地利用了有利可图的生产机会和资源的人,是相当有效率的,是理性的"经济人"。林毅夫(1998)也认为小农的行为是理性的,看似非理性的行为,其实是农户在受到外部经济条件、信息搜寻成本以及主观认识能力的多重制约下的理性决策。认为农户非理性的代表人物是苏联的恰亚诺夫。恰亚诺夫(1996)指出农户依靠自己劳动而不是租佣劳动,因此工资难以核算;农产品主要满足家庭自身消费,收益也难以衡量,而且一旦农户生活需要基本满足,他们就不愿意进一步进行劳动投入。他由此认为农户的行为是非理性的。

从国内外已有的研究来看,认为农户是理性的观点更有说服力。而且对于本章的研究对象,以获取收益为目的的杨梅种植户来说,恰亚诺夫指出的农户非理性的理由并不能成立。因此,本研究赞同农户行为是理性的观点,认为杨梅种植户参加合作社的行为是理性的,可以用经济学研究方法对其进行研究。

那么,根据理性经济人假设,作为具有理性和判断能力的农户,他们势必要追求利益最大化。因此,在市场经济条件下,当他们对农产品的生产和销售方式具有充分选择余地时,如果他们选择加入农民专业合作社,可以认为他们已经看到或者预料到这种生产销售组织模式会给他们带来比其他方式更好的技术指导、更高的销售价格或更稳定的市场需求。不然,农户不会轻易放弃自己的"自由"——采用成本更低、杀虫效果更好的高毒农药,或者拥有更多的市场选择机会。为此,本章提出以下几个假设:

假设1:参加合作社的农户比不参加合作社的农户能获得更高的收入。

一般认为,农民专业合作社对农民收入的影响,一是通过为社员提供产前、产中、产后的各项服务,减低社员农资采购成本、生产风险和市场风险来影响的;二是通过利润返还来影响的。为此,本章提出第二个假设:

假设2:提供利润返还和更多服务项目的合作社对于农户收入的影响更显著。

由于不同农户在生产经营过程中面临的问题是有差别的,对合作社产前、产中和产后服务的需求程度是不同的,合作社提供的服务项目有的是广大农户迫切需求的,因而对农户收入能产生很明显的影响,而有的服务项目则对农户收入影响不大。为此,本章提出第三个假设:

假设3:合作社提供的不同服务项目对于农户收入的影响是不同的。

5.3.2 模型构建

为了验证以上假设,本章构建了以下模型:

(1)构建回归模型1,以验证是否参加合作社对农户收入的影响。

$$\ln Y = C + \alpha_1 x_1 + \alpha_2 x_2 + \alpha_3 x_3 + \alpha_4 x_4 + \alpha_5 x_5 + \alpha_6 x_6 +$$
$$\alpha_7 x_7 + \alpha_8 x_8 + \alpha_p x_p + \alpha_z x_z + \alpha_t x_t + \alpha_k x_k + \varepsilon \qquad (5\text{-}1)$$

式中:Y 为每亩的纯收入;x_1 为性别;x_2 为受教育程度;x_3 为家庭人口;x_4 为种植经验;x_5 为农户拥有的杨梅棵数;x_6 为平均树龄;x_7 为自家每亩劳动力投入;x_8 为 ln 每亩成本投入;x_p 为是否参加合作社虚拟变量;x_z 为赵岙地区虚拟变量;x_t 为桐桥地区虚拟变量;x_k 为坎头地区虚拟变量。各生产要素投入量用实际花费的货币表示,其中的每亩成本投入是每亩种苗成本、每亩化肥成本、每亩农药成本、每亩除草剂成本、每亩营养液成本、每亩雇工成本、每亩包装成本等项的和。

(2)在模型1的基础上,抽取是否参加合作社虚拟变量,加入不同合作社名称虚拟变量,对不同合作社虚拟变量下的每亩纯收入进行多元回归,通过对回归系数符号及参数显著性的比较,分析不同合作社对于农户收入的影响,以验证前面的假设 2。构建模型 2 如下:

$$\ln Y = C + \alpha_1 x_1 + \alpha_2 x_2 + \alpha_3 x_3 + \alpha_4 x_4 + \alpha_5 x_5 + \alpha_6 x_6 +$$
$$\alpha_7 x_7 + \alpha_8 x_8 + \alpha_z x_z + \alpha_n x_n + \alpha_k x_k + \varepsilon \qquad (5\text{-}2)$$

式中:Y 为每亩的纯收入;x_1 为性别;x_2 为受教育程度;x_3 为家庭人口;x_4 为种植经验;x_5 为农户拥有的杨梅棵数;x_6 为平均树龄;x_7 为自家每亩劳动力投入;x_8 为 $\ln$ 每亩成本投入;x_z 为赵岙合作社虚拟变量;x_n 为农合合作社虚拟变量;x_k 为坎头合作社虚拟变量。

(3)在模型 1 的基础上,抽取是否参加合作社虚拟变量,加入合作社各服务项目虚拟变量,然后对不同虚拟变量下的亩均纯收入进行回归,通过对回归系数符号及参数显著性的比较,分析不同服务项目对于农户收入的影响,以验证前面的假设 3。构建模型 3 如下:

$$\ln Y = C + \alpha_1 x_1 + \alpha_2 x_2 + \alpha_3 x_3 + \alpha_4 x_4 + \alpha_5 x_5 + \alpha_6 x_6 +$$
$$\alpha_7 x_7 + \alpha_8 x_8 + \alpha_s x_s + \varepsilon \qquad (5\text{-}3)$$

式中:Y 为每亩的纯收入;x_1 为性别;x_2 为受教育程度;x_3 为家庭人口;x_4 为种植经验;x_5 为农户拥有的杨梅棵数;x_6 为平均树龄;x_7 为自家每亩劳动力投入;x_8 为 $\ln$ 每亩成本投入;x_s 为合作社有否提供服务项目虚拟变量,各服务项目包括:"生产技术标准"、"技术服务和培训"、"病虫害防治服务"、"统一品牌(包装)"、"保鲜服务"、"种苗供应服务"、"农资采购服务"、"市场信息"、"加工服务"、"按保护价收购成员产品"和"代理销售"。在具体的操作中,分别将每一个项目引入模型进行回归,以考察每个项目对收入的影响。

5.3.2 变量设置

根据前面假设,本章将通过 Logistic 回归模型来验证前面的假设,以农户种植杨梅每亩纯收入作为因变量,以合作社提供的各项服务为自变量考察合作社对农户收入的实际影响。表 5-2 显示了进入模型各变量的具体设置方式。

表 5-2　模型中变量的设置

变量名称	变量定义
因变量	
ln 每亩纯收入	每亩纯收入的对数
自变量	
户主性别	男性＝1；女性＝0
户主受教育程度	小学以下＝1；小学＝2；初中＝3；高中及以上＝4
家庭人口	农户家庭人口（个）
种植经验	种植历史（年）
杨梅棵树	农户种植的杨梅总棵树，包括东魁和荸荠种（棵）
平均树龄	农户种植的杨梅的平均树龄（年）
每亩自家劳动力投入数	农户自家劳动力投入，不包括雇工（工）
ln 每亩总成本	农户每亩总成本投入的对数
是否参加合作社	否＝0；是＝1
地区差异	西炉为参照组。赵岙；桐桥；坎头
社间差异	未参加合作社为参照组包括：赵岙合作社，农合合作社，坎头合作社，其他合作社
利润返还	农户是否享受到利润返还；否＝0；是＝1
服务项目	农户是否享受过合作社提供的服务；否＝0；是＝1

注：①因变量：ln 每亩纯收入，为农户种植杨梅每亩纯收入的对数。
②自变量包括几个部分：农户基本特征变量、种植杨梅情况变量以及合作社提供的服务项目变量。

在经济学对个体行为的分析中，个体特征（性别、年龄、受教育程度、家庭经济能力及消费个体不同的家庭结构等），是影响个体信息的获取及其行为的重要因素。因此，农户的个体特征对于其在种植杨梅过程和参加合作社行为过程中必然会产生影响。本研究结合杨梅的特性和实际调查情况，选取的个体特征变量有性别、受教育程度和家庭人口。

在种植杨梅情况变量的选取上，本研究主要考察农户的种植经验、杨梅棵树和杨梅树的平均树龄，以及在种植过程中每亩自家劳动力的投入数目，还有种植杨梅的每亩成本投入。

合作服务项目对农户收入的影响，我们通过设置合作社服务项目变量，来考察这些项目对于农户收入影响的显著情况。在考察服务项目的效果时,构置"合作社＊服务项目"变量,将享受过该项服务的农户挑选出来,观察农户获得服务项目情况对于其种植收入的影响。

5.4 结果与讨论

5.4.1 是否参加合作社对农户每亩纯收入的影响

为了考察是否参加合作社对农户种植杨梅收入的不同影响,我们将性别、受教育程度、家庭人口、种植经验、杨梅棵树、平均树龄、每亩自家劳动力投入、ln 每亩总成本、地区虚拟变量作为控制变量进入模型,将是否参加合作社虚拟变量作为自变量进入模型,将 ln 每亩纯收入作为因变量进入模型,运用 SPSS 软件进行回归分析。回归结果见表 5-3。

表 5-3　模型回归结果

	回归系数	标准差	显著性水平
性别	0.120	0.122	0.328
受教育程度	0.083	0.056	0.138
家庭人口	−0.004	0.027	0.894
种植经验	−0.084***	0.015	0.000
杨梅棵树	−0.001*	0.000	0.092
平均树龄	0.162***	0.018	0.000
每亩自家劳力投入	−0.002	0.002	0.406
ln 每亩总成本	0.221***	0.065	0.001
赵岙	0.055	0.173	0.751
桐桥	−0.019	0.148	0.897
坎头	−0.087	0.172	0.614
是否参加合作社	0.482***	0.109	0.000
常数项	5.203***	0.504	0.000
样本数	160		
R^2	0.570		
调整后的 R^2	0.535		
D-W 检验值	2.061		
F 值	16.255***		

注:***、*表示统计检验分别达到1%和10%的显著水平。

从表 5-3 可以看出，模型的 R^2 值为 0.570，模型拟合度一般①，说明农户种植杨梅的收入还受到其他因素的影响。鉴于本章主要考察是否参加合作社对于农户种植杨梅的收入的影响，其他因素暂不考虑，所以 R^2 值大小对结果的影响可以忽略。回归模型的 F 值为 16.255，通过了 1‰水平的显著性检验，说明模型总体显著性比较高。且从 $D\text{-}W$ 检验值来看，方程不存在自相关，回归模型具有统计学意义。

是否参加合作社变量系数为正，并且在 1‰的水平上显著，说明参加合作社对农户种植杨梅的每亩纯收入有着显著的正影响。即在杨梅种植上，参加合作社的农户能比不参加合作社的农户获得更高的利润。这个结论与国内外已有的实证研究成果基本一致，不仅证明了关于合作社功能和作用的讨论，也在一定程度上说明了中国当前的合作社虽然在组织架构和运行等方面还差强人意，但的确给社员农户带来了好处，对于提高农户收入是有益的。

5.4.2　不同合作社对农户每亩纯收入的影响

为了考察不同合作社对农户种植杨梅的收入的影响，我们在上面模型的基础上，抽取了是否参加合作社的变量，而加入了不同合作社名称变量，以不参加合作社的农户作为参照组，来考察不同合作社在增收效果上的差异。运用 SPSS 软件进行回归分析，模型回归结果见表 5-4。

表 5-4　模型回归结果

	回归系数	标准差	显著性水平
性别	0.137	0.125	0.276
受教育程度	0.095	0.058	0.102
家庭人口	−0.011	0.028	0.686
种植经验	−0.087***	0.016	0.000

① 现代计量经济学理论认为，R^2 的大小不能作为评价计量经济学分析成功与否的主要标准，一个显著低的 R^2 并不意味着 OLS 回归方程是没有用的。具体参见 J. M. 伍德里奇：《计量经济学导论——现代观点》，中国人民大学出版社 2003 年版，第 38 页。

	回归系数	标准差	显著性水平
杨梅棵树	−0.001	0.000	0.207
平均树龄	0.166***	0.018	0.000
每亩自家劳力投入	−0.001	0.002	0.569
ln 每亩总成本	0.201***	0.067	0.003
赵岙	0.143	0.200	0.474
桐桥	−0.153	0.166	0.359
坎头	−0.303	0.245	0.218
赵岙合作社	0.183	0.201	0.363
农合合作社	0.660***	0.210	0.002
坎头合作社	0.695***	0.250	0.006
其他合作社	0.475**	0.189	0.013
常数项	5.338***	0.514	0.000
样本数		160	
R^2		0.575	
调整后的 R^2		0.565	
D-W 检验值		2.135	
F 值		12.972***	

注：***、** 表示统计检验分别达到 1% 和 5% 显著性水平。

从表 5-4 可以看出，这个模型的 R^2 值为 0.575，F 值为 12.972，通过了 1% 水平的显著性检验，说明模型总体显著性比较高。且从 D-W 检验值来看，方程不存在自相关，回归模型具有统计学意义。

从模型结果可以看出，参加农合合作社和坎头合作社的农户收入与未参加合作社的农户相比的差异比较明显，变量在 1% 水平上显著；赵岙合作社未通过 t 检验，说明该合作社社员的种植收入与未参加合作社的农户的收入差异不大。赵岙合作社与其他两家合作社增收效果的差异可能就是两者是否实行利润返还和服务内容上的差异。后者实行利润返还，而在服务项目上，也比前者多提供了以下几项服务：农资采购、按保护价收购成员产品、代理销售等。可以说农合合作社和坎头合作社通过实行"利润返还"，真正意义上将合作社和社员的利益联结在一起；通过为社员提供产前、产中、产后全面的服务，为社员解决了后顾之忧。这一结果，与孙艳华(2007)对江苏省养鸡合作社的研究结果是一致的。

5.4.3 不同合作社服务项目对农户每亩纯收入的影响

为了考察不同合作社服务内容对农户收入的影响。在模型一的基础上，我们将合作社提供的"生产技术标准"、"技术服务和培训"、"病虫害防治服务"、"统一品牌（包装）"、"保鲜服务"、"种苗供应服务"、"农资采购服务"、"市场信息"、"加工服务"、"按保护价收购成员产品"和"代理销售"11个合作社提供的服务项目，与"是否参加合作社"变量分别相乘，构筑"是否参加合作社 * 服务项目"变量，分别进入模型，以考察合作社各项服务的效果。"联系买主"和"信用担保"变量由于频次太少而不参加回归。运用 SPSS 软件进行回归分析，具体的回归结果见表 5-5 和表 5-6。

表 5-5 模型回归结果(1)

项　目	模型一	模型二	模型三	模型四	模型五	模型六
性别	0.170	0.113	0.119	0.132	0.109	0.119
受教育程度	0.120**	0.070	0.086	0.072	0.110*	0.113*
家庭人口	−0.006	0.010	0.005	0.001	0.007	0.003
种植经验	−0.091***	−0.084***	−0.084***	−0.086***	−0.087***	−0.086***
杨梅棵树	0.000	−0.001*	−0.001	−0.001*	−0.001*	−0.001
平均树龄	0.169***	0.162***	0.165***	0.167***	0.163***	0.166***
每亩自家劳力投入	−0.002	−0.003	−0.002	−0.002	−0.002	−0.002
ln 每亩总成本	0.223***	0.236***	0.256***	0.234***	0.215***	0.229***
生产技术标准		0.465***				
技术服务和培训			0.362***			
病虫害防治				0.436***		
统一品牌（包装）					0.448***	
保鲜						0.336**
常数项	5.154***	5.171***	4.999***	5.155***	5.243***	5.136***
样本数	160	160	160	160	160	160
R^2	0.547	0.560	0.541	0.547	0.556	0.534
调整后 R^2	0.510	0.524	0.504	0.510	0.520	0.496
D-W 检验值	2.078	1.968	1.984	2.020	1.965	2.016
F 值	14.773***	15.590***	14.447***	14.798***	15.368***	14.059***

注：***、**、*表示统计检验分别达到 1%、5% 和 10% 的显著性水平。

表 5-6　模型回归结果(2)

项　目	模型一	模型二	模型三	模型四	模型五	模型六
性别	0.124	0.089	0.128	0.130	0.144	0.158
受教育程度	0.093	0.083	0.091	0.113*	0.118**	0.117**
家庭人口	−0.005	−0.007	−0.008	−0.004	−0.007	0.001
种植经验	−0.092***	−0.092***	−0.088***	−0.093***	−0.087***	−0.087***
杨梅棵树	0.000	−0.001	−0.001	0.000	0.000	0.000
平均树龄	0.174***	0.175***	0.170***	0.175***	0.169***	0.170***
每亩自家劳力投入	−0.002	−0.002	−0.002	−0.002	−0.002	−0.002
ln 每亩总成本	0.258***	0.235***	0.230***	0.258***	0.248***	0.214***
种苗供应	0.305*					
农资采购		0.433***				
市场信息			0.330**			
加工				0.178		
按保护价收购					0.307**	
代理销售						0.417***
常数项	5.056***	5.261***	5.182***	4.969***	4.981***	5.106***
样本数	160	160	160	160	160	160
R^2	0.523	0.531	0.532	0.516	0.526	0.537
调整后 R^2	0.484	0.493	0.493	0.477	0.488	0.499
D-W 检验值	2.089	2.074	2.056	2.081	2.061	2.104
F 值	13.410***	13.886***	13.906***	13.076***	13.607***	14.189***

注:***、**、*表示统计检验分别达到1%、5%和10%的显著性水平。

从表 5-5 和表 5-6 中可以看出,各个模型 R^2 值、F 值大小适合,均通过了1%水平的显著性检验,说明各个模型总体显著性比较高。且从 D-W 检验值来看,方程不存在自相关,回归模型具有统计学意义。

从表 5-5 和表 5-6 中可以看出,合作社提供的大部分服务项目对于获得过服务的农户收入来说具有影响,但影响程度是不一样的。"生产技术标准"、"技术服务和培训"、"病虫害防治服务"、"统一品牌(包装)"、"农资采购服务"、"代理销售"这几项服务均在1%水平上显著,这说明这些服务项目对于农户的收入有着非常显著的影响;"保鲜服务"、"提供市场信息"和"按保护价收购成员产品"三项服务项目均在5%水平上显著,这说明这些服务项目对于农户的收入有比较大的影响;"种苗供应服务"服务项目在 10％水平上显著,这说明这项服务项目对于农户的收入有一定的影响;"加工服务"变量没有通过显著性检验,说明这一项服务对农户的收入没有产生显著的影响。在实地调查中我们也发现,目前合作社具有的加工技术都比较初级和简单,比如酿制杨梅酒、晒制杨梅干等,这些加工方法都比较传统而且没有什么技术含量,并没有在真正意义上增加杨梅的附加价值,因此,这一方面的潜力还有待进一步的挖掘。

5.5　结论与启示

通过以上分析,本章得出以下主要结论与启示:

第一,农民专业合作社有利于提高农户的收入,应该鼓励和大力支持合作社的发展。本章通过对参加合作社和不参加合作社的农户的比较,发现合作社在杨梅种植户的发展和获取收益的过程中扮演着重要的角色,它们能使参加合作社的农户获得更多的收入。因此,应该鼓励和大力支持农民专业合作社的发展。

第二,不同的合作社对农户收入的影响具有差异性,应该提高合作社与社员的利益联结关系和综合服务功能。本章通过对三家典型合作社的对比分析发现,不同合作社对农户的增收效果是不一样的,赵岙合作社对农户收入的影响效果不显著,农合合作社和坎头合作社对农户的收入影响显著,造成这种差异的原因是这些合作社在利润返还和服务上的差异。那些与农户利益联结紧密、提供的服务项目涵盖产前、产中、产后各环节,并且各项服务均能够落到实处的合作社,在提高农户种植收入上具有显著效果。而那些内部利益联结比较松散,提供的服务项目不能切合社员实际需求的合作社,在增加农户的收入上发挥的效果是有限的。因此,要发挥合作社在增加农民收入中的作用,必须要提高合作社与社员的利益联结关系和合作社的服务功能。

第三,合作社提供的服务项目对农户收入的影响具有差异性,合作社应该有针对性地对农户开展服务。本章的研究表明,合作社提供的服务项目对农民增收的效果是不同的。其中，"生产技术标准"、"技术服务和培训"、"病虫害防治服务"、"统一品牌（包装）"、"农资采购服务"、"代理销售"对农民增收有显著影响。因此，作为合作社来说，要重视生产技术标准的制定、搞好技术服务和培训，同时要重视品牌建设和产品销售工作。

6 影响社员对农民专业合作社满意度因素的分析

6.1 引 言

农民专业合作社的发展离不开广大社员的参与和支持,了解社员对合作社的满意度,研究影响社员对合作社满意度的因素,探讨提高社员对合作社满意度的途径,对农民专业合作社的发展,保障社员的利益有着重要的实践意义。

6.2 影响社员对农民专业合作社满意度因素的理论分析

在营销学中,顾客被定义为任何接受或可能接受商品或服务的对象。顾客满意度是指顾客通过对一个产品或服务的感知效果(或结果)与其期望值相比较后,所形成的愉悦或失望的感觉状态。农民专业合作社是在农村家庭承包经营基础上,同类农产品的生产经营者或者同类农业生产经营服务的提供者、利用者,自愿联合、民主管理的互助性经济组织,其宗旨是为社员服务,谋求全体成员的共同利益。从这点来讲,社员可以被认为是合作社的顾客。在市场营销学中,影响顾客满意的因素是从企业和消费者两个角度进行研究的,鉴于此,本章从合作社和社员两个角度来研究影响社员对合作社满意度的因素。

6.2.1　社员个体和家庭经营特征对社员满意度的影响

在顾客满意度的研究方面，Fornell 等利用美国客户满意度指数的数据分析了消费者个人特征与顾客满意度的相关性，本章从社员文化、种植规模、收入水平三个特征来分析其对社员满意度的影响。

社员文化程度决定着社员自身素质，它与社员的学习能力、对合作社运行机制的了解、管理能力有着密不可分的联系。假设认为，社员文化程度越高，对合作社的满意度越高。

社员家庭的种植规模直接反映社员经营规模的大小，经营规模越大，得到合作社的服务越多，得到合作社的好处越大。假设认为，社员种植规模越大，对合作社的满意度越高。

社员收入直接反映了社员参加合作社的绩效，因而也会影响社员的满意度。假设认为，社员收入越高，对合作社的满意度越高。

6.2.2　社员所参加合作社情况对社员满意度的影响

社员参加合作社的情况主要指社员的入社年数、入社时是否缴纳股金、是否主动参加合作社、是否核心社员、合作社是否由农民大户发起等。

社员入社年数越多，享受合作社的服务时间越长，越能理解合作社发展过程中的困难与挫折，对合作社有较高的认识度和忠诚度。假设认为，社员入社时间越长，对合作社的满意度越高。

社员加入时是否缴纳股金，会影响其在合作社中的积极性，也影响其在合作社中享有的利益。假设认为，缴纳股金的社员对合作社的满意度更高。

社员参加合作社越是主动的，其热忱度越高，投入越大，收益也越可观，对合作社的满意度越高。假设认为，主动参加合作社的社员满意度更高。

社员身份越是核心成员的，参与合作社管理、生产、规划等活动越多，对合作社越了解，满意度也就越高。假设认为，核心社员对合作社的满意度越高。

按照农民在合作社发展过程中的地位和作用不同，有农民为主导和非农民主导的两种发展模式。由农业大户发起的合作社，主要是依托农业大户的技术、生产、经营、购销的优势建立的。假设认为，越是农民大户发起的合作社,其社员的满意度越高。

6.2.3　合作社提供服务对社员满意度的影响

农民专业合作社以其成员为主要服务对象,提供农业生产资料的购买,农产品的销售、加工、运输、贮藏,以及与农业生产经营有关的技术、信息等服务。在顾客满意度研究中,服务质量是顾客满意度的一个影响因素。社员加入合作社的动机在于得到合作社的服务,服务能满足其要求,社员满意度就会更高。假设认为,提供服务的合作社,其社员满意度更高。

6.2.4　合作社分配制度对社员满意度的影响

分配制度是合作社产权、合作社企业家的治理和治理机制等的体现和折射,又是合作社发展的经济绩效的反映,它是合作社实现社员利益的重要途径,是社员利益实现程度的重要表现。合作社的分配制度直接关系着每一个社员的切身利益,进而直接影响到社员对合作社的满意度。规范地讲,一个完整的分配制度体系包括利润返还、按股分红,以及预先提留的公积金、公益金、救济基金、发展基金、风险基金等公共积累。但是鉴于合作社公共积累因为比例较小等原因,我们只研究按交易量返利、按股分红两种分配制度对社员满意度的影响,并预期分配制度与社员满意度正相关。

6.3　影响社员对农民专业合作社满意度因素的实证分析

6.3.1　数据来源

我们于 2007 年 12 月至 2008 年 2 月,组织浙江大学"三农"协会成员,选择了全国部分农民专业合作社社员进行了专门调查。本次调查活动采取入户调查的方式,每个合作社选择 5 个社员进行调查,共调查了全国 30 家农民专业合作社的 150 个社员,其中浙江 25 家、山西 2 家、河北 2 家、安徽 1 家,得到有效问卷 123 份。调查内容涉及被调查社员个体和家庭经营特征、社员参加的合作社情况、合作社提供的服务、合作社分配机制等四方面内容。

6.3.2 模型选择

基于前面的理论分析,合作社的满意度可能受到以下几个方面因素的影响:①被调查社员个体和家庭经营特征(P):文化程度、种植规模、收入水平;②社员参加合作社情况(T):入社年数、是否入股、是否主动参加、是否核心社员、是否农民大户发起;③合作社提供服务情况(S):是否提供种子和种苗服务、是否提供技术服务和培训、是否提供农资供应服务、是否提供产品销售服务、是否提供产品储蓄与加工服务;④合作社分配制度(G):是否按交易量(额)返利与是否按股分红。模型中各影响因素选取的具体变量及统计数据见表6-1。

表 6-1 实证模型变量说明

变量名称	变量定义	均值
因变量		
总体满意度	不满意=0;满意=1	0.59
自变量		
社员个体和家庭经营特征(P)		
文化程度	文盲=1;小学=2;初中=3;高中=4;高中以上=5	3.14
种植规模	很小=1;比较小=2;中等水平=3;比较大=4;很大=5	3.07
收入水平	很低=1;比较低=2;中等水平=3;比较高=4;很高=5	3.22
社员参加合作社情况(T)		
入社年数	加入合作社时间(年)	3.037
是否入股	否=0;是=1	0.75
主动参加	否=0;是=1	0.46
核心社员	否=0;是=1	0.34
农民大户发起	否=0;是=1	0.48
合作社提供服务情况(S)		
种子和种苗服务	否=0;是=1	0.65
技术服务和培训	否=0;是=1	0.74
农资供应服务	否=0;是=1	0.69
产品销售服务	否=0;是=1	0.66
产品储蓄与加工服务	否=0;是=1	0.39
合作社分配制度(G)		
按交易量(额)返利	否=0;是=1	0.59
实行按股分红	否=0;是=1	0.54

本章将社员满意度及其影响的关系设定为如下函数形式：

社员满意度＝F（被调查社员个体和家庭经营特征变量，社员参加合作社情况变量，合作社提供服务变量，合作社分配制度变量）＋随机扰动项。

本章主要采用二元 Logistic 模型进行分析：

$$\ln\left[p/(1-p)\right] = \text{logit}\ p = y_i$$
$$= \beta_0 + (\beta_1 x_1 + \beta_2 x_2 + \cdots + \beta_{15} x_{15}) + \mu \qquad (6\text{-}1)$$

式中：$y_i = 1$ 代表第 i 个社员对合作社表示满意，$y_i = 0$ 代表第 i 个社员对合作社表示不满意；从 x_1 到 x_{15} 依次对应表 6-1 中的 15 个变量；β_0 为常量；$\beta_1, \beta_2, \cdots, \beta_{15}$ 为对应自变量的系数；μ 为随机扰动项。

第 i 个社员表示满意的概率为：

$$p_i = 1/\{1 + \exp\left[-(\beta_0 + \beta_i x_i)\right]\}$$
$$= \exp(\beta_0 + \beta_i x_i)/[1 + \exp(\beta_0 + \beta_i x_i)]$$

第 i 个社员表示不满意的概率为：

$$1 - p_i = 1/[1 + \exp(\beta_0 + \beta_i x_i)]$$

第 i 个社员满意/不满意的发生比（odds）为：

$$p_i/(1 - p_i) = \exp(\beta_0 + \beta_i x_i)$$

6.3.3 结果分析

本章运用 SPSS 16 统计软件对所调查的样本数据进行 Logistic 回归分析。在数据处理过程中，采用基于最大似然估计的向后逐步回归法。首先将所有变量引入回归方程；其次进行回归系数的显著性检验，在一个或多个 t 检验值不显著的变量中，将 t 值最小的那个变量剔除；最后再重新拟合回归方程，并进行各种检验，直到方程中变量回归系数的 t 值基本显著为止。这样，一共有 9 种计量估计结果，由于篇幅有限，本章只列出第一、第五和最后一个模型（见表 6-2）。

表 6-2　社员满意度模型估计结果

解释变量	模型 1		模型 2		模型 3	
	B	$\exp(B)$	B	$\exp(B)$	B	$\exp(B)$
常数项	-8.406***	0.000	-8.543***	0.000	-6.577***	0.001
社员个体和家庭经营特征(P)						
文化程度	0.410	1.507	0.442	1.556		
种植规模	0.047	1.048				
收入水平	0.602**	1.826	0.664**	1.943	0.931**	2.537
社员参加合作社情况(T)						
入社年数	0.612***	1.844	0.612***	1.844	0.513***	1.670
有否入股	0.771	2.162	0.830	2.294		
主动参加	0.065	1.067				
核心社员	0.607	1.834	0.563	1.756		
农民大户发起	1.502**	4.493	1.453**	4.277	1.232**	3.429
合作社提供服务情况(S)						
种子和种苗服务	2.148**	8.565	2.178**	8.825	2.083**	8.030
技术服务和培训	0.512	1.668	0.498	1.645		
农资供应服务	-2.674**	0.069	-2.639**	0.071	-2.510**	0.081
产品销售服务	2.074**	7.959	2.110**	8.245	1.611**	5.009
产品储蓄与加工服务	-0.201	0.818				
合作社分配制度(G)						
按交易量(额)返利	0.541	1.718				
按股分红	1.441	4.225	1.749*	5.751	2.435***	11.414
预测准确率	79.7%	81.3%	82.9%		-2	
对数似然值	97.790	98.083	102.763			
Cox & Snell 的 R^2	0.427	0.425	0.403			
Nagelkerke 的 R^2	0.576	0.574	0.544			
卡方检验值	68.398***	68.105***	63.424***			

注:*、**、*** 表示统计检验分别达到 10%、5% 和 1% 显著性水平。

根据模型估计结果,将影响社员满意度的因素归纳如下:

第一,收入水平对社员满意度有显著的影响。从模型结果看,社员收入水平的统计检验在 5% 的水平上显著,且回归系数比较高。这个结果表明,社员收入水平越高,对合作社的满意度越高,与本章假设一致。

第二,社员入社年数对社员满意度有很显著的影响。从模型结果看,合作社社员的入社年数的统计检验在 1% 的水平上显著。这个结果表明,在其他条件不变的情况下,入社年数越长的社员满意度更高,与本章假设一致。

第三,由农民大户发起的合作社对社员满意度有显著的影响。从模型的计量结果来看,合作社是否由农民大户发起的统计检验在 5％的水平上显著。这个结果表明,在其他条件不变的情况下,由农民大户发起的合作社社员满意度更高,与本章假设一致。

第四,合作社提供的服务对社员满意度有显著影响。在合作社提供的五种服务中,只有种子和种苗服务、农资供应服务、产品销售服务三种通过显著性检验,都达到 5％的显著性水平。种子和种苗服务、产品销售服务与社员满意度正相关,这个结果表明,在其他条件不变的情况下,合作社提供种子和种苗服务、产品销售服务,社员的满意度提高,与本章假设一致。但农资供应服务与社员满意度负相关,与假设不符,即在其他条件不变的情况下,合作社提供农资供应服务,社员的满意度反而更低,这也与前面的假设相矛盾。在笔者对本章调查数据的描述性统计中发现,提供农资供应服务的合作社服务质量不高,与社员对农资的强烈需求形成差距,从而导致享受农资服务的社员的满意度不增反而下降的现象。

第五,按股分红对社员满意度有很显著的影响。从模型的结果来看,按股分红的统计检验在 1％的水平上显著。这个结果表明,在其他条件不变的情况下,实行按股分红的合作社,社员满意度会更高,与本章假设一致。

6.4 结论与启示

基于以上研究,本章得到以下几点结论与启示:

第一,增加社员的收入水平,提高社员满意度。研究结果表明,收入水平越高,社员满意度越高,而发展农民专业合作社的根本目的是增加社员收入。因此,在发展农民专业合作社的过程中,要致力于降低生产成本,降低交易费用,通过提高社员收入,增加社员满意度。

第二,增加社员忠诚度,提高社员满意度。研究结果表明,社员入社年数越多,社员的满意度越高。因此,合作社要不断完善自己,提高自身的综合实力,培养合作社文化,增加社员忠诚度,以高质量的服务,留住现有社员的同时,不断吸收新社员,提高社员满意度。

第三,积极鼓励农民大户发起创立合作社,提高社员满意度。研究结果表明,农民大户发起的合作社其社员满意度更高。因此,积极鼓励农民大户发起创立合作社,充分利用农业大户的经济实力和技术、生产、经营、购销等资源,提高社员组织化程度,促进合作社健康发展,提高社员满意度。

第四,提供多元化、高质量的服务,提高社员满意度。研究结果表明,提供服务的合作社其社员满意度高,但服务质量差,服务不能满足社员需求,反而导致社员满意度不高。因此,在积极引导合作社发展的过程中,要从社员的实际需求出发,提供多元化、高质量的服务;积极鼓励和扶持合作社开拓产品市场,增强服务功能,从多个方面给社员带来实惠,提高社员满意度。

第五,完善合作社分配制度,提高社员满意度。研究结果表明,实现按股分红的合作社其社员满意度更高。因此,合作社要根据自身的实际盈利情况,制定详细可行的利润分配制度,切实起到激励社员的实效,使社员的自身努力与合作社的经营成果相结合,保障社员的利益,提高社员满意度。

7 农民专业合作社正规信贷可得性及其影响因素分析

7.1 引　　言

　　融资难问题已经成为制约中国农民专业合作社发展壮大的主要问题之一。尽管目前大量农民专业合作社不能从正规金融机构获得贷款,但还是有部分农民专业合作社能从正规金融机构获得贷款。究竟是哪些因素影响了农民专业合作社正规信贷可得性? 应该从哪些方面着手来缓解农民专业合作社贷款难问题? 这是非常值得研究的问题。

　　近年来,国内已有不少学者对农民专业合作社的融资问题进行了研究,并取得了不少成果。例如,于华江等(2006)认为,农民合作经济组织贷款难的主要原因是其经济实力太弱,信用基础差;余丽燕(2007)认为,农民专业合作社创办初期,普遍存在抵押资产不足、担保难以落实等问题,合作社难以得到金融机构贷款;田详宇(2008)认为,农民专业合作社成员自身投入不足、国家和地方财政支持力度不够、合作社治理机构不够完善增加了商业银行向合作社贷款的风险,使其很难获得商业性贷款;张兵等(2009)通过对苏北地区 18 个农民专业合作组织 2005—2007 年信贷状况的调查发现,固定资产规模、成立年限、主要领导者受教育年限是农民专业合作组织获得信贷的显著影响因素。但是,综观这些研究,主要是在《农民专业合作社法》实施以前完成的,该法正式实施以后的成果则很少。本章以浙江省农民专业合作社为例,研究《农民专业合作社法》正式实施以后农民专业合作社的正规信贷获得情况,从理论上揭示影响农民专业合作社正规信贷可得性的主要因素。这对于解决农民专业合作社融资难的问题具有重大的理论和现实意义。

7.2 影响农民专业合作社正规信贷可得性因素的理论分析

对于一般企业而言,正规信贷可获得性取决于金融机构的信贷供给能力和金融机构对特定借款企业资信状况的主观评价(Banerjee and Duflo,2008)。而金融机构的信贷供给能力取决于融资能力及成本、相关信息获取能力,取决于贷后监督能力及成本、信贷基础设施、违约控制机制等,金融机构的信贷供给能力还受金融机构规模、组织类型、所有制结构、人力资源状况、内部管理制度等方面的影响(马九杰和毛曼昕,2005)。在金融机构信贷供给能力一定的情况下,借款企业正规信贷获取能力就取决于自身资信状况及相关特征,这些特征影响金融机构的信贷供给意愿。因为金融机构往往是基于借款企业的相关特征对其进行信用评价,并根据主观评价做出是否对其发放贷款、发放贷款的额度、贷款利率、贷款期限、贷款抵押条件等决策。

影响贷款金融机构对借款企业信用评价的因素很多,具体包括借款企业的资产规模、成立年限、所在行业特征、产权结构等自身特征以及借款企业的财务状况、经营状况、偿债能力等,也包括借款企业的信用记录、与银行的关系等,同时还包括借款企业主要管理者的个人特征,例如年龄、受教育程度、管理经验、个人信用、财务状况等。此外,银行等金融机构出于资金安全的考虑,会对借款企业有一定的特殊要求,例如要求借款企业提供担保或资产抵押等,这些信贷供给者的特殊要求也会影响借款企业信贷获得能力。

农民专业合作社作为一类特殊类型的经济组织,与其他企业一样,其正规信贷可获得性取决于金融机构的信贷供给能力和金融机构对其资信状况的主观评价。在金融机构的信贷供给能力一定的情况下,合作社能否获得正规信贷,关键取决于金融机构对其资信状况的主观评价。而金融机构对其资信状况的主观评价则由合作社自身多方面因素影响决定的,一方面,合作社自身的特征因素,例如合作社的资产规模、盈利能力、信用等级、与银行的关系会影响金融机构对其资信状况的主观评价;另一方面,社长的个人特征也会影响金融机构对其资信状况的主观评价,例如社长的声誉与社会关系等。基于以上分析,本章主要从合作社自身的角度,选择了合作社资产规模、盈利能力、信用情况、与银行的关系、社长情况五个方面因素,作为影响农民专业合作社正规信贷可得性的待验证因素(见图 7-1)。

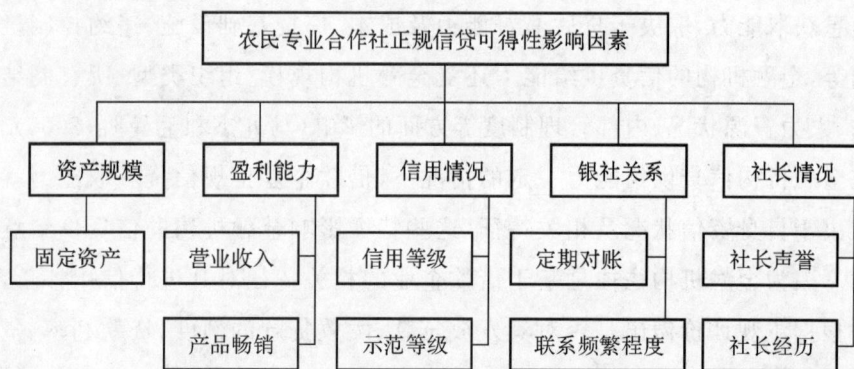

图 7-1　影响农民专业合作社正规信贷可得性的因素

7.2.1　资产规模

金融机构贷款的发放在很大程度上取决于借款者抵押品的数量和质量。如果合作社资产规模小,经营信息透明度低,银行在搜寻相关信息、甄别合作社、评价合作社信用状况等方面的成本就相对较高,而且一般规模小的合作社很难提供充足和有效的抵押物,因而金融机构一般不愿意向它们提供贷款。合作社可作抵押的资产包括合作社所拥有的土地、机器设备、动产等。本章用合作社的固定资产规模来反映合作社的资产规模,并假定固定资产规模越大的合作社,其获得正规信贷的可能性越大。

7.2.2　盈利能力

盈利是合作社信用和偿债能力的保障,盈利能力越强的合作社,财务基础越牢靠,其筹资能力和偿债能力越强,发生财务危机的可能性就越小。合作社利润的来源在很大程度上可以由合作社年营业收入与主要经营产品在市场上的畅销程度来反映,合作社产品市场越畅销,意味着合作社产品的市场潜力越大,发展前景越好。本章用合作社的年营业收入、产品畅销情况来衡量合作社的盈利能力,并假定年营业收入越大、产品越畅销的合作社,其获得正规信贷的可能性越大。

7.2.3　信用情况

合作社以前的贷款记录对其信贷获取有一定程度的影响。合作社有无贷款违约记录、历史信用状况如何,在一定程度上能反映合作社信用风险的大小。通常来讲,进行过信用评级的合作社,其信息披露程度相对较高,披露的信息质量也较好。因此,合作社信用级别越高,越容易获得贷款。另外,示范等级是各级政府部门按照一定标准评选出的示范性合作社等级,是对合作社发展总体水平的一种认定,根据评比政府级别的不同,可分为国家级、省级、市级和县级示范性合作社。被级别越高的政府评定的示范性合作社,其信用情况也越好。本章用合作社获得示范等级和合作社是否参加过信用评级来反映合作社的信用情况,并假定获得示范性等级和信用级别高的合作社,其获得正规信贷的可能性也较高。

7.2.4　银社关系

银行与合作社的关系是否密切直接影响到合作社的各种信息能否准确地传达到银行,而信息在银行决定是否放贷给合作社中起着非常重要的作用。合作社在银行开有账户,并与银行有良好的关系,有助于银行及时获取合作社的相关信息,提高合作社的信贷可得性。良好的银社关系,还有助于合作社降低融资成本,减低银行抵押担保的要求。本章用合作社是否在开户银行定期跟银行对账、银行来电来访频率来衡量合作社与银行的关系，并假定与银行定期对账、银行来电来访频率较高的合作社，其获得贷款的可能性也较高。

7.2.5　社长情况

合作社的贷款基本上是由社长出面向金融机构申请。社长作为合作社的核心人物，其声誉的好坏对合作社能否获得正规信贷有重要影响。声誉是人们对某行为主体的"认知"，是一种社会资本，在一定程度上可以起抵押品的作用。本章用社长是否获得优秀党员、劳动模范等荣誉称号来反映社长的声誉。另外，社长的工作经历对合作社能否获得贷款也有很大影响，有过村干部、企业负责人和政府相关部门工作经历的社长，社会关系比没有这些经历的社长要广得多，获得贷款相对要容易些。因此，本章用社长声誉和社长工作经历来反映社长的基本情况，并假定社长声誉越好、社长工作经历越多的合作社，其所领导的合作社获得正规信贷的可能性越高。

7.3　数据来源与描述性分析

7.3.1　数据来源

本章所用的数据来自 2010 年 7 月笔者和浙江省供销合作联社合作指导处联合对浙江省农民专业合作社所做的调查。本调查之所以选择浙江省，是因为浙江省作为农业部唯一的专业合作经济组织发展试点省，近几年在农民专业合作社方面进行了许多有益的探索，农民专业合作社发展走在全国的前列。根据浙江省农业厅提供的数据，截至 2010 年 6 月底，全省有农民专业合作社 12628 家，成员 60.3 万个，带动非成员农户 370.4 万户，占全省总农户数的 38.2%。本次调查问卷涉及被调查农民专业合作社融资的基本情况以及合作社的资产规模（固定资产规模）、盈利能力(产品销售情况、年营业收入)、合作社与银行的关系(是否开立结算账户、是否定期对账、银行来电来访频繁程度)、信用情况(以往贷款归还情况、信用评估、信用等级、示范等级)、合作社主要负责人个人情况(受教育程度、管理经验、声誉)等方面的信息。为了保证调查数据的代表性和科学性,笔者在每个县(市)根据当地合作社发展的总体水平,分别选取发展较好(获得省级及以上示范合作社称号)、中等(获得市县级示范合作社称号)和较差(没有获得任何称号)的合作社各 2 家合计 6 家进行问卷调查,共发放问卷 390 份,回收有效问卷 285 份,有效率达 73.08%。

7.3.2 被调查农民专业合作社资金借贷需求及正规信贷获得情况

1.农民专业合作社资金借贷需求状况

从被调查的 285 家合作社的情况来看,从 2007 年 7 月到 2010 年 7 月期间有资金借贷需求合作社有 229 家,占被调查合作社总数的 80.35%。从被调查合作社借贷资金的主要用途来看,借贷资金主要用于收购产品的合作社占有借贷资金需求合作社总数的 38.86%;其次是用于购买生产资料的合作社,占 20.52%;接下来依次是用于建造经营办公场所、购买生产设备、建设生产基地及品牌建设的合作社,分别占 13.97%、11.80%、8.30%、6.55%(见表 7-1)。由此可见,大部分合作社是有资金借贷需求的,其资金借贷主要目的是用于收购农产品。

表 7-1 被调查合作社借贷资金的用途

借贷资金用途	被调查合作社数量(家)	比例(%)
购买生产资料	47	20.52
收购农产品	89	38.86
品牌建设	15	6.55
建设生产基地	19	8.30
建造经营办公场所	32	13.97
购买生产设备	27	11.80
合 计	229	100.00

2. 农民专业合作社资金借贷及获得正规信贷情况

在 229 家有借贷资金需求的合作社中，有 165 家发生过资金借贷行为，占 72.05％，另有 27.95％有资金需求的合作社无法获得借贷资金。在 165 家发生过资金借贷行为的合作社中，有 95 家从正规金融渠道获得过贷款，有 31 家同时从正规金融渠道和非正规金融渠道获得过贷款，另外 39 家仅从非正规金融渠道获得过贷款。可见，当前合作社资金借款渠道以正规金融渠道为主，非正规金融渠道在一定程度上起了补充作用（见表 7-2）。

表 7-2　被调查合作社资金借贷的渠道

借贷资金来源	被调查合作社数量（家）	比例（％）
仅正规金融机构	95	57.58
仅非正规金融机构	39	23.64
正规金融和非正规金融机构均有	31	18.78
合　计	165	100.00

从被调查合作社正规信贷满足程度来看，从正规金融渠道获得过贷款的 126 家被调查合作社中，只有 5 家认为从正规金融机构获得的信贷资金能完全满足其生产发展的需要，仅占从正规金融渠道获得过贷款的合作社的 3.97％；还有 60 家认为从正规金融机构获得的信贷资金远远不能满足其发展需要，这个比重为 47.62％（见表 7-3）。这表明，目前虽然不少合作社从正规金融机构获得了信贷，但信贷资金还不能完全满足合作社发展的需要。

表 7-3　合作社正规信贷资金的满足程度

正规信贷资金满足程度	被调查合作社数量（家）	比例（％）
完全满足	5	3.97
基本满足	61	48.41
没有满足	60	47.62
合　计	126	100.00

7.4 影响农民专业合作社正规信贷可得性因素的实证分析

7.4.1 模型设定和变量说明

本研究所考察的是当农民专业合作社需要资金借贷时,它是否获得正规信贷资金的行为,结果只有两种,即"获得过"和"没有获得过"。传统的回归模型中因变量的取值范围在正无穷大与负无穷大之间,在此处不适用。本章采用二元 Logistic 回归分析模型,将因变量的取值限制在[0,1]范围内,并通过最大似然估计法对其进行估计。

设计模型时,本章将合作社是否获得过正规信贷设为因变量 y,即0—1型因变量,将"获得过"定义为 $y=1$,将"没有获得过"定义为 $y=0$。设 $x_1,x_2,\cdots,x_k$ 是与 y 相关的自变量。以有资金借贷需求的229家合作社为样本数据,即:$(x_{i1},x_{i2},\cdots,x_{ik};y_i);(i=1,2,\cdots,229)$。$y_i$ 与 $x_{i1},x_{i2},\cdots,x_{ik}$ 的关系为:

$$E(y_i) = p_i = \beta_0 + \beta_1 x_{i1} + \beta_2 x_{i2} + \cdots + \beta_k x_{ik} + \varepsilon_i \tag{7-1}$$

y_i 概率函数为:

$$p(y_i) = f(p_i)^{y_i} \left[1 - f(p_i)\right]^{(1-y_i)} \quad y = 0,1; i = 1,2,\cdots,229 \tag{7-2}$$

Logistic 回归函数为:

$$f(p_i) = \frac{e^{p_i}}{1 + e^{p_i}} = \frac{e^{(\beta_0 + \beta_1 x_{i1} + \beta_2 x_{i2} + \cdots + \beta_k x_{ik})}}{1 + e^{(\beta_0 + \beta_1 x_{i1} + \beta_2 x_{i2} + \cdots + \beta_k x_{ik})}} \tag{7-3}$$

模型中各影响因素选取的具体变量定义及均值由表7-4给出。

表 7-4　实证模型变量定义和均值

变量名称	变量定义	均值
固定资产规模	20万元以下＝1；20万～50万元＝2；50万～100万元＝3；100万～200万元＝4；200万以上＝5	3.11
年营业收入	200万元以下＝1；200万～500万元＝2；500万～1000万元＝3；1000万～2000万元＝4；2000万元以上＝5	2.82
产品畅销情况	非常不畅销＝1；比较不畅销＝2；一般畅销＝3；比较畅销＝4；非常畅销＝5	3.91
示范等级	获得过省级及以上示范性合作社称号＝1；其他＝0	0.31
信用等级	未评级＝1；B级＝2；A级＝3；AA级＝4；AAA级＝5	1.49
定期与银行对账	定期与银行对账＝1；否＝0	0.59
银行来电来访频率	不联系＝1；偶尔有些联系＝2；联系较多＝3；很频繁＝4	2.50
社长声誉	获得过政治荣誉称号（例如优秀党员等）＝1；未获得＝0	0.42
社长工作经历	有过村干部、企业和政府部门工作经历＝1；其他＝0	0.39
合作社信贷获得情况	获得过正规金融机构信贷＝1；未获得过正规金融机构信贷＝0	0.55

7.4.2　计量经济模型估计结果

本章运用 SPSS 16 统计软件对有资金借贷需求的 229 家合作社样本数据进行了 Logistic 回归处理。在处理过程中，采用了向后筛选法，即首先将全部变量引入回归方程；其次进行变量的显著性检验，在一个或多个不显著的变量中，将 t 检验值最小的那个变量剔除；最后重新拟合回归方程，并进行各种检验，直到方程中所有变量基本显著为止。这样，一共有 3 种估计结果。从各种模型的估计结果来看，大部分模型整体显著，不同模型的计量结果相似和相对稳定。为了减少篇幅，本章只列出了将全部变量纳入模型的估计结果（模型一）和全部变量显著的估计结果（模型二）（见表 7-5）。估计结果大部分与理论分析一致。

表7-5 影响农民专业合作社正规信贷可得性因素的 Logistic 模型回归结果

解释变量	模型一			模型二		
	系数(β)	Wald 值	exp(B)	系数(β)	Wald 值	exp(B)
常数项	−3.509***	13.752	0.030	−3.135***	25.758	0.043
固定资产规模	0.062**	3.948	1.256	0.244**	4.814	1.277
年营业收入	0.051	0.166	1.053	—	—	—
产品畅销情况	0.078	0.187	1.082	—	—	—
示范等级	0.673*	3.357	1.960	0.703*	3.791	2.019
信用等级	0.725***	9.281	2.065	0.726***	9.430	2.066
定期与银行对账	0.528*	2.605	1.695	0.560*	3.062	1.750
银行来电来访频率	0.459**	4.375	1.582	0.453**	4.297	1.573
社长声誉	0.618*	3.096	1.856	0.634*	3.286	1.886
社长工作经历	0.515*	2.832	1.674	0.500*	2.746	1.649
预测准确率	71.9%			72.4%		
−2倍对数似然值	245.471			245.830		
卡方检验值	57.593***			57.234***		
Nagelkerke R^2	0.307			0.306		

注:*、** 和 *** 分别表示 10%、5% 和 1% 的显著性水平。

根据模型估计结果,影响农民专业合作社信贷可得性的主要因素归纳如下:

第一,资产规模对合作社能否获得正规信贷有显著影响。从模型估计结果来看,固定资产规模变量影响显著。这个结果与前面的理论预期是一致的,也与张兵等(2009)的研究结论一致。这个结果表明,固定资产规模大的农民专业合作社,从正规金融机构渠道获得贷款的可能性还是比较大的。问卷调查数据的相关分析也证实了合作社固定资产规模与信贷可获得性之间的相关性。从表7-6中也可以看出,在有资金需求的229家合作社中,随着固定资产规模的增加,正规信贷获得比例呈明显上升趋势。

表 7-6 合作社资产规模与合作社正规信贷可获得性的相关性

固定资产规模		正规信贷获得情况		合 计
		获 得	未获得	
20 万元以下	合作社数量（家）	8	23	31
	比例（%）	25.81	74.19	100.00
20 万~50 万元	合作社数量（家）	20	43	63
	比例（%）	31.75	68.25	100.00
50 万~100 万元	合作社数量（家）	37	25	62
	比例（%）	59.68	40.32	100.00
100 万~200 万元	合作社数量（家）	36	8	44
	比例（%）	81.82	18.18	100.00
200 万元以上	合作社数量（家）	25	4	29
	比例（%）	86.21	13.79	100.00

第二，盈利能力对合作社能否获得正规信贷影响不显著。从模型估计结果来看，代表合作社盈利能力的合作社年经营收入和产品畅销情况两个变量都不显著，也就是说，年经营收入高和产品畅销对合作社获得正规信贷影响不明显。这个结果与前面的理论预期不一致。其原因可能在于目前不少合作社的财务管理还比较不规范，在统计年经营收入时，把合作社社员的经营收入也统计为合作社的年经营收入，造成年经营收入数据的失真，形成银行等正规金融机构对合作社年经营收入数据的不认可。另外，一方面，合作社产品畅销意味着未来收入的稳定，对于银行等正规金融机构来说，贷款给这些合作社，风险比较低，所以，产品畅销的合作社可能更容易获得贷款；另一方面，由于农产品价格波动比较大，产品一时畅销，并不能代表未来畅销，银行等正规金融机构出于对风险的控制，可能并不会完全依据合作社产品目前的畅销情况来做出贷款的决定，造成产品畅销与获得正规信贷的关系不确定。

第三，信用情况对合作社能否获得正规信贷影响显著。从模型估计结果来看，代表合作社信用情况的信用等级和合作社发展等级两个变量都显著。这个结果与前面的理论预期基本一致。这个结果表明，在其他条件不变的情况下，信用等级越高的合作社，获得正规信贷的可能性越大；获得过各类示范合作社称号的合作社，更容易获得正规信贷。这是因为进行过信用评级的合作社，其信息披露程度相对较高，有助于银行等金融机构对其经营情况的了解，从而降低信贷风险。同样，示范性合作社是各级政府按照示范标准经过各种程序严格评选出来的，这些合作社是各地合作社的优秀代表，普遍实力比较强，管理比较规范，在当地发挥的作用也比较大。被评为示范合作社，在一定程度上等同于政府为合作社信用提供了担保，获得示范合作社称号等级越高的合作社，政府为其提供的信用担保也越大。由于有政府为合作社提供信用担保，银行等正规金融机构向这类合作社贷款的风险相对较小，因而愿意向它们贷款。问卷调查数据的相关分析也证实了合作社示范等级与信贷可获得性之间的相关性。从表7-7中可以看出，随着合作社示范等级不断提高，其信贷获得比例呈明显上升趋势。

表 7-7　示范等级与合作社信贷可获得性的相关性

合作社示范等级		信贷获得情况		合　计
		获　得	未获得	
未评级	合作社数量(家)	8	42	50
	比例(%)	16.00	84.00	100.00
县级示范	合作社数量(家)	10	36	46
	比例(%)	21.74	78.26	100.00
市级示范	合作社数量(家)	30	31	61
	比例(%)	49.18	50.82	100.00
省级示范	合作社数量(家)	52	13	65
	比例(%)	80.00	20.00	100.00
国家级示范	合作社数量(家)	7	0	7
	比例(%)	100.00	0	100.00

第四，银社关系对合作社能否获得正规信贷有显著影响。从模型估计结果来看，合作社与银行等正规金融机构联系越密切，越有可能得到正规贷款。这是因为信息在银行等正规金融机构决定是否贷款给合作社的决策中起非常重要的作用。问卷调查数据的相关分析也证实了银社关系与信贷可获得性之间的相关性。从表7-8中可以看出，随着银行来电来

访频率的上升,合作社的信贷获得比例呈明显上升趋势。

表 7-8　银行来电来访频率与合作社信贷可获得性的相关性

银行来电来访频率		信贷获得情况		合　计
		获　得	未获得	
不联系	合作社数量(家)	20	71	91
	比例(%)	21.98	78.02	100.00
偶尔有些联系	合作社数量(家)	35	32	67
	比例(%)	52.24	47.76	100.00
联系较多	合作社数量(家)	32	26	58
	比例(%)	55.17	44.83	100.00
很频繁	合作社数量(家)	9	4	13
	比例(%)	69.23	30.77	100.00

第五,社长情况对合作社能否获得正规信贷有显著影响。从模型估计结果来看,获得过"劳动模范"、"优秀党员"等称号的社长所在的合作社相对容易获得正规信贷。这是因为"劳动模范"、"优秀党员"等称号,是这些人通过长期努力建立起来的社会声誉,对于这些人来说,为了维护这些声誉,不会轻易地借钱不还,在一定程度上,他们的声誉起到了信贷抵押品的作用。对于银行等正规金融机构来说,贷款给这些人所在的合作社,贷款风险相对较小。因而,有"劳动模范"、"优秀党员"等称号的社长所在的合作社更有可能获得正规信贷。从模型估计结果来看,那些有过村干部、企业负责人或政府相关部门工作经历的社长所在的合作社也更有可能获得正规信贷。这是因为有这些工作经历的人,其社会关系比没有这些经历的人要广泛得多,在需要贷款时,更容易与正规金融机构沟通,同时也相对容易找到担保人或抵押物,从而更容易获得正规信贷。

7.5　结论与启示

本章以浙江省农民专业合作社为例,分析了农民专业合作社正规信贷可得性及其影响因素。研究表明,合作社对资金借贷的需求比较大,其借款主要目的是用于收购农产品；从正规金融机构获得信贷的合作社的比例还是比较高的，但其获得的信贷额度还不能满足合作社发展的需要。研究结果表明，固定资产规模、示范等级、信用等级、与银行关系、社长声誉等因素对合作社能否获得正规信贷具有显著影响，固定资产规模大、示范等级高、信用等级高、与银行联系紧密和社长具有较高声誉的合作社相对容易获得正规信贷。

基于以上研究结论，合作社要提高正规信贷可得性，首先，需要加强自身建设，不断提高自身经济实力；其次，要完善财务制度，积极参与信用评估；最后，要加强与金融机构的信息沟通与合作，提高金融机构对其信任程度。此外，金融机构也要通过自身金融创新，加大对农民专业合作社的信贷供给。

8   影响农民专业合作社成长的因素分析

8.1 引 言

近年来,农民专业合作社的发展得到了中国各级政府的高度重视,把其作为发展现代农业和提高农民收入的重要手段来推动,出台了一系列扶持政策与措施,有力地推动了其发展,出现了一批发展壮大的农民专业合作社。但是,就农民专业合作社的整体发展质量而言,并不尽如人意,"小、散、弱"问题突出(全国人大农委法案室,2006),即便是在农民专业合作社发展比较好的江苏省,仍然有 25% 的农民专业合作社名不符实(姜长云,2005)。这些现象促使人们思考这样一些问题:为什么有的专业合作社能够快速成长,而有的专业合作社存活期很短或生命力很弱?是什么因素在影响着专业合作社的成长?因此,非常有必要从理论上探明专业合作社成长的内在机理,寻求其成长的内在根据,揭示其成长的前提和外部条件,找出影响其健康成长的内部与外部因素,进而结合转型时期中国农业、农村与农民发展的实际情况,提出引导和促进其健康发展的思路和措施。

8.2　文献综述

这些年来,国内外不少学者对影响农民专业合作社发展的因素进行了卓有成效的研究,取得了不少好的研究成果。例如,黄祖辉等(2002)通过对浙江省农民专业合作组织发展现状的分析,把影响农民专业合作经济组织发展的因素归结为产品特性因素、生产集群因素、合作成员因素和制度环境因素。张晓山(2004)通过对浙江省农民专业合作社发展的调查,认为农户经营的规模对合作社的发展影响很大,专业生产大户是专业合作社发展的基础条件。姜长云(2005)通过对中国各地农民专业合作经济组织发展态势的比较研究,发现农民专业合作经济组织的发展,在很大程度上受到区域文化环境和商业传统甚至地方政府及相关部门重视程度等多方面因素的影响。孔祥智等(2005)通过对陕西、宁夏以及四川等省(区)农民专业合作组织的调查研究,认为影响农民合作经济组织发展的关键因素是法律和社会发展环境因素。韩俊等(2006)认为,合作组织发展的内部资源和客观条件会影响合作社的健康成长。Pulfer等(2008)通过多元线性回归分析了合作社成功成长的影响因素,指出社员对社长的信任程度、人力资源状况和成员组成结构的重要性。此外,一些学者开始运用企业理论来解释合作社的成长问题。例如,Egerstrom(2004)运用波特的竞争优势理论全面分析了影响合作社成长的外部环境因素,他认为,合作社与企业一样,其成长除了受到同业竞争、原料供应者的市场力量、产品购买者的市场力量以及潜在替代者的影响外,还受到政治环境、文化环境等多方面因素的影响。赵国杰等(2009)运用企业生命周期理论分析了农民专业合作社成长的生命周期,并指出每个阶段的政府定位。

回顾到目前为止的研究成果,应该说成绩是很大的。但是,综观这些研究成果也还存在一些缺陷与不足,主要体现在如下几个方面:①在研究对象方面不够明确,影响了研究成果的质量。从已有研究文献来看,不少文献在研究过程中没有对"农民专业合作社"与"农民专业协会"以及"农民专业合作经济组织"的概念做明确的界定,把不同性质的农民专业合作组织放在一起研究,从而造成不少研究成果的针对性不强。②在研究内容方面偏重于宏观政策层面的研究,对合作社微观成长机理研究不够。③从研究方法来看,偏重于规范研究,实证研究成果不多,尤其是对合作社成长机理进行实证研究的成果更为少见。

从国内外已有的研究成果来看,外部环境虽然对农民专业合作社的成长有十分重要的作用,但这只是合作社发展的外因,合作社的发展与壮大关键还取决于合作社自身的发展能力,否则没有办法解释为何在同一地区、相同产业和相同的政策环境下,不同合作社发展情况的天差地别。因此,在研究农民专业合作社成长问题时,除了要探讨其外部性因素(例如政府政策、产业组织、融资环境等)外,还应探索如何在合作社内部形成有效的成长机制。同时,合作社作为一种特殊的经济组织,既有一般经济组织(例如企业)的共同属性,也有自身的特殊性,不能简单地用一般的企业成长理论来研究和解释其成长,而必须结合其特性进行研究。本章准备在已有研究成果的基础上,运用企业资源基础理论,尝试从农民专业合作社个体内部的视角对影响其成长的因素进行理论探讨与实证分析。

8.3　影响农民专业合作社成长因素的理论假设

企业资源基础理论是由 Penrose(1959)在其所著的《企业成长理论》一书中首先提出,并逐步发展成为企业战略管理领域的一个重要分支。该理论认为,企业的竞争优势来自于组织内部拥有和控制的资源和能力(Wernerfelt,1984;Barney,1991),主张"内部审视"的重要性(Grant,1991),将研究的焦点和核心从企业外部环境中行业结构对公司竞争行为和竞争战略的影响逐渐转移到组织内部的资源、能力对企业建立和维持竞争优势的作用上(许晓明等,2005)。

Barney(1991)将企业资源分为三类,即物质资本资源、人力资本资源和组织资本资源。物质资本资源包括企业使用的物质生产技术、厂房和设备,以及企业的地理位置和获取原材料的方式;人力资本资源包括企业管理者和员工的经验、所受的培训、判断力、智力、人际关系以及个人思想理念等。相对而言,物质资本资源、人力资本资源是比较容易识别的,但是,组织资本资源的识别有一定的难度。组织资本资源的主要特点源自其扎根于"组织"之中的特性(Tomer,1987;Barney,1991),它不依附于某些个体人员,也不是个体的独立行动所能积累的,更难以像其他资源那样可以从市场上买到,它具有制度嵌入的特征(Uzzi,1997),因而存在某种隐秘性,这也就是通常所说的有些资源是不可言明和难以形式化的(王凤彬等,2005)。一般认为,组织资本资源包括组织所拥有或控制的制度资源(例如机构设置、管理制度)、市场资源(例如产品品牌知名度和市场销售网络)和社会资源(例如与政府相关部门的关系、与利益相关组织的关系)等(Barney,1991;彭建刚,2004;杨春华,2008)。

资源基础理论为企业成长问题的研究提供了很好的理论依据,并且已经取得了一些非常好的成果。例如,彭建刚(2004)通过对资源基础理论的剖析,阐述了运用包括物质资本、人力资本和组织资本在内的资源基础理论提升企业核心竞争力的构想,从而为企业寻找到行之有效的可持续发展模式;陈菲琼等(2006)从资源观的角度探讨了民营科技企业的国际化成长道路,指出了民营科技企业在国际化成长过程中可能采用的战略和模式;杨道箭等(2008)利用基于资源观的概念框架分析了企业IT资源与企业绩效之间的关系。此外,钟宏武等(2006)在比较分析国内外数十篇有代表性的企业成长研究论文时发现,有47%的论文以资源基础观为理论基础。

影响农民专业合作社成长的因素是多方面的,本章在上述已有研究成果的基础上,运用企业资源基础理论,同时结合农民专业合作社的特点,选择了物质资本资源、人力资本资源和组织资本资源这三个方面的因素,作为影响农民专业合作社成长的待验证因素(见图8-1)。

```
                    ┌─────────────────────────┐
                    │  农民专业合作社成长的影响因素  │
                    └─────────────────────────┘
        ┌──────────────────┼──────────────────────┐
   ┌─────────┐        ┌─────────┐           ┌─────────┐
   │ 物质资本资源 │        │ 人力资本资源 │           │ 组织资本资源 │
   └─────────┘        └─────────┘           └─────────┘
   ┌─────────┐        ┌─────────┐      ┌──────────────┐
   │ 注册资金 │─┐      │ 专职工作人员 │      │ 机构设置完善程度 │─┐
   └─────────┘ │      └─────────┘      └──────────────┘ │
   ┌─────────┐ │      ┌─────────┐      ┌──────────────┐ │
   │ 办公场所 │─┤      │ 社长文化程度 │      │ 会议记录频次情况 │─┤
   └─────────┘ │      └─────────┘      └──────────────┘ │
   ┌─────────┐ │      ┌─────────┐      ┌──────────────┐ │
   │ 服务设施 │─┤      │ 社长身份 │      │ 产品品牌建设情况 │─┤
   └─────────┘ │      └─────────┘      └──────────────┘ │
   ┌─────────┐ │      ┌─────────┐      ┌──────────────┐ │
   │ 示范小区 │─┤      │ 社长年龄 │      │ 资金借贷难易程度 │─┤
   └─────────┘ │      └─────────┘      └──────────────┘ │
   ┌─────────┐ │                       ┌──────────────┐ │
   │ 网站建设 │─┘                       │ 有否得到政府支持 │─┘
   └─────────┘                        └──────────────┘
```

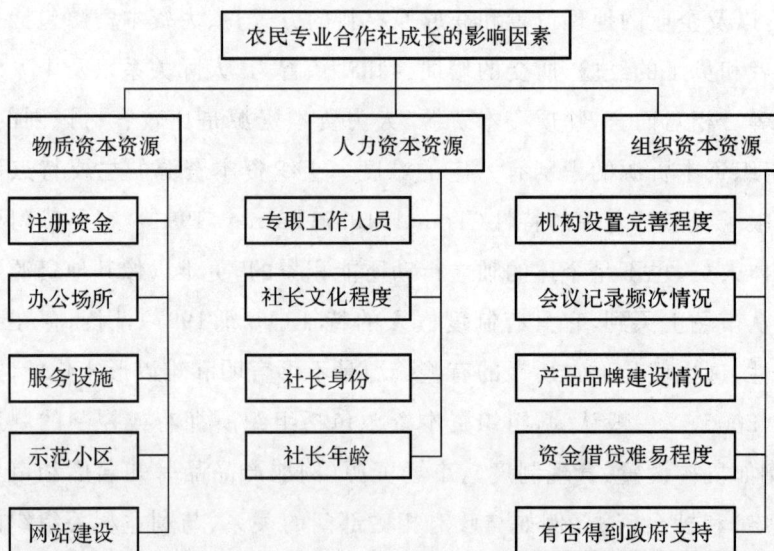

图 8-1 影响农民专业合作社成长因素的实证分析框架

8.3.1 物质资本资源

合作社的物质资本资源主要是指合作社所拥有的各种物质设施条件，是其正常开展各项业务活动的重要基础条件，对其成长有重要影响。一般说来，合作社拥有的物质资本资源越丰富，越有利于其开展各项工作，从而越有利于其实现高水平成长。本章用合作社注册资金数量大小、有无专门的办公场所、有无为社员服务的设施（例如冷库等）、有无建立核心示范小区、有无建立合作社自己的网站等指标来反映合作社所拥有的物质资本资源情况。假设注册资金数量大、有专门办公场所、有为社员服务的设施、建立有核心示范小区和网站的农民专业合作社，能够实现高水平成长。

8.3.2 人力资本资源

合作社的人力资本资源包括合作社管理者和职工的经验、所受的培训、判断力、智力、人际关系以及个人思想理念等。合作社拥有的人力资本资源是其正常开展各项业务活动的重要前提条件,这些资源也决定了合作社其他资源功能的发挥,因而对合作社的健康成长有重要影响。由于目前中国农民专业合作社规模普遍比较小,拥有专职工作人员的合作社也不多,同时,社长在合作社成长过程中往往发挥了很大的作用,因此,本章用合作社有无专职工作人员、社长文化程度、社长是否农民身份、社长年龄等指标来反映合作社所拥有的人力资本资源情况。假设拥有专职工作人员以及拥有文化程度高、年纪轻、非农民身份社长的农民专业合作社,能够实现高水平成长。

8.3.3 组织资本资源

合作社的组织资本资源包括合作社所拥有或控制的制度资源(例如机构设置和管理制度)、市场资源(例如产品品牌知名度和市场销售网络)和社会资源(例如与政府相关部门的关系、与利益相关组织的关系)。合作社拥有的组织资本资源决定了合作社的经营管理水平和获取外部资源的能力,因而对其成长有重要影响。本章在前人研究组织资本资源的基础上,采用合作社机构(理事会、监事会和社员代表大会)设置完善程度、合作社会议记录频次情况、合作社产品品牌建设情况、合作社资金借贷难易程度、合作社有否得到政府支持等指标来反映合作社所拥有的组织资本资源情况。假设机构设置完善、会议记录频次高、重视产品品牌建设、资金借贷容易和得到政府支持的合作社,能够实现高水平成长。

8.4 数据来源与研究方法

8.4.1 数据来源

本章所用的数据来自 2008 年 12 月笔者和浙江省供销合作联社合作指导处联合对浙江省农民专业合作社所做的调查。调查问卷涉及被调查农民专业合作社的基本情况以及合作社的物质资本资源(注册资金、办公场所、服务设施、示范小区、网站建设)、人力资本资源(专职工作人员、社长文化程度、社长身份、社长年龄)、组织资本资源(机构设置、会议记录、品牌建设、资金借贷、政府支持)等方面的信息。为了保证调查数据的代表性和科学性，课题组在每个县(市)根据当地合作社发展的总体水平，分别选取了发展水平高、中等和较低的合作社各 2 家，合计 6 家进行问卷调查，共调查了浙江省 319 家合作社，得到有效问卷 246 份，有效率达到了 77.1%。

从被调查的 246 家合作社来看，国家级示范合作社占了 4.5%，省级示范合作社占了 21.5%，市级示范合作社占了 32.5%，县级示范合作社占了 24.4%，其他占了 17.1%。从被调查合作社的注册资金来看，平均注册资金为 37.88 万元，最少的 2.5 万元，最多的 920.5 万元，5 万元以下的占了 9.3%，5 万~10 万元的占了 30.1%，10 万~25 万元的占了 17.1%，25 万~50 万元的占了 28.5%，50 万元以上的占了 15%。从被调查合作社的主营产品来看，最多的是果蔬类，占了 36.7%；其次是畜牧类，占了 14.1%；以下依次是茶叶类占了 12.9%，水产养殖占了 8.2%，花卉苗木占了 6.0%，粮食类占了 4.7%，药材类占了 4.7%，蚕桑占了 3.4%，食用菌占了 1.9%；此外，其他产品类型占了 7.4%。从被调查合作社的社长文化程度来看，小学以下文化程度的占了 0.3%，小学的占了 1.9%，初中的占了 29.7%，高中的占了 36.5%，高中以上的占了 31.6%。从被调查合作社的社长年龄来看，平均年龄 47 岁，最年轻的 22 岁，最年长的 67 岁，其中，30 岁以下的占了 3.7%，30~40 岁的占了 32.1%，40~50 岁的占了 33.3%，50~60 岁的占了 22.8%，60 岁以上的占了 8.1%。从被调查合作社的社长身份来看，是企业负责人的最多，占了 35.7%，生产大户的占了 23.9%，村干部的占了 13.4%，销售大户的占了 10.5%，农技人员的占了 6.9%，乡镇干部的占了 1.0%，其他人员的占了 8.6%。

8.4.2　研究方法

本章首先采用因子分析法(用少数几个因子来描述许多指标或因素之间的联系、以少数几个因子反映原始资料中大部分信息的统计学方法)

对调研数据进行因子分析,提取影响农民专业合作社成长的关键性因素,排除原有变量之间的共线性;其次,应用二元 Logistic 回归分析法明确各个因素的显著性程度和相对作用的大小。本研究采用 SPSS 16.0 统计软件进行数据处理。

本章自变量的选取主要参照了资源基础理论及国内外合作社成长影响因素的相关研究成果,同时注重了中国农民专业合作社的乡土特征。农民专业合作社的成长水平变量为因变量,分为"国家级示范合作社"、"省级示范合作社"、"地市级示范合作社"、"县级示范合作社"、"其他"五级。变量的综合信息如表 8-1 所示。

表 8-1 实证模型变量的定义和均值

变量名称	变量定义	均值
注册资金	5 万元以下＝1;5 万～10 万元＝2;10 万～25 万元＝3;25 万～50 万元＝4;50 万以上＝5	3.10
办公场所	没有＝0;有＝1	0.77
服务设施	没有＝0;有＝1	0.66
示范小区	没有＝0;有＝1	0.72
网站建设	没有＝0;有＝1	0.66
专职工作人员	没有＝0;有＝1	0.67
社长文化程度	小学以下＝1;小学＝2;初中＝3;高中＝4;高中以上＝5	3.75
社长身份	非农民＝0;是农民＝1	0.53
社长年龄	30 岁以下＝1;30～40 岁＝2;40～50 岁＝3;50～60 岁＝4;60 岁以上＝5	3.00
机构设置	不完善＝1;一般＝2;很完善＝3	2.17
会议记录	没有记录＝1;有时有记录＝2;每次有记录＝3	1.88
品牌建设	有县级名牌或没有名牌＝1;有市级名牌产品＝2;有省级以上名牌产品＝3	1.61
资金借贷	很困难＝1;比较困难＝2;不困难＝3	1.75
政府支持	没有＝0;有＝1	0.78
合作社级别	国家级示范合作社＝1;省级示范合作社＝2;市级示范合作社＝3;县级示范合作社＝4;其他合作社＝5	3.28

8.5 结果与讨论

8.5.1 影响农民专业合作社成长因素的因子分析

因子分析前对数据进行适合性检验,结果表明,其 KMO 值为 0.827,Bartlett 球体检验结果显著($p=0.000$)。这说明,本调研的数据是适合做因子分析的。之后采用主成分分析法对影响农民专业合作社成长的各个变量进行因子分析,并选择方差最大正交旋转法进行因子旋转,得到如表 8-2 所示的反映各个因子和各变量相关程度的因子载荷系数。笔者对因子载荷系数较大的自变量进行了归类,提取了三个公因子,根据前面的研究假设,分别将它们命名为"物质资本资源"、"组织资本资源"、"人力资本资源"。这三个公因子的累计方差贡献率达到 65.878%。这个结果表明,这三个公因子基本能够替代原来的 15 个观测变量来解释影响农民专业合作社成长的因素。

表 8-2　经方差最大正交旋转后的因子载荷系数

影响因子	公因子		
	1	2	3
注册资金	0.670	0.118	0.041
办公场所	0.876	0.133	0.071
服务设施	0.865	0.131	0.063
示范小区	0.900	0.151	0.074
网站建设	0.788	0.159	0.080
专职工作人员	0.063	0.069	0.756
社长文化程度	0.051	0.050	0.860
社长身份	−0.178	−0.091	−0.689
社长年龄	0.029	0.051	−0.858
机构设置	0.184	0.776	−0.034
会议记录	0.150	0.825	0.036
品牌建设	0.146	0.906	0.037
资金借贷	0.090	0.788	0.009
政府支持	0.088	0.542	0.119

影响因子	公因子		
	1	2	3
新因子命名	物质资本资源 因子(f_1)	组织资本资源 因子(f_2)	人力资本资源 因子(f_3)
特征值	3.527	3.132	2.564
方差贡献率(%)	25.192	22.374	18.312
累计方差贡献率(%)	25.192	47.567	65.878

  表 8-2 中的数据表明,合作社的物质资本资源主要由其注册资金规模的大小、是否有办公场所、是否有为社员服务的设施、是否有示范小区和是否有合作社自己的网站决定,其中,是否有核心示范小区和合作社自己的办公场所是决定合作社物质资本资源最重要的两个因素。合作社的组织资本资源主要由合作社机构设置的完善程度、会议记录频次、产品品牌建设、资金借贷难易程度、是否得到政府支持等情况决定,其中,合作社的产品品牌建设情况和体现合作社是否管理规范的会议记录频次情况是决定合作社组织资本资源最重要的两个因素。合作社的人力资本资源主要取决于是否有专职工作人员、社长文化程度、社长年龄以及社长身份,其中,社长文化程度是决定合作社人力资本资源的最重要因素,也就是说,社长文化程度越高,合作社人力资本资源质量越好;而社长年龄和社长农民身份则对合作社人力资本资源起负面作用,也就是说,年龄越大和农民身份社长的合作社,其人力资本资源质量相对要差。

8.5.2 影响农民专业合作社成长因素的回归分析

  根据前面的理论假设和因子分析结果,本章把影响农民专业合作社成长的 15 个原始观测变量转化为 3 个公因子变量,同时将这 15 个原始观测变量的实际数据通过加权平均法(以各相应因子载荷系数作为权数与原始变量的实际数据相乘所得之积除以 15)——转换成 3 个公因子的因子值,然后用这 3 个公因子值代替原来的 15 个原始观测变量值进行回归分析,以确定各个因子影响程度的大小。本章采用二元 Logistic 回归分析模型,并通过最大似然估计法对其回归参数进行估计。

  设计模型时,本章将合作社是否高水平成长设为因变量,即 0—1 型因变量。当合作社是国家级、省级或市级示范合作社时，视为高水平成长，定义为 $y=1$；当合作社是县级示范社或没有被评级时，视为低水平成长，定义为 $y=0$。设 f_1,f_2,f_3 是通过因子分析提取的与 y 相关的3个公因子自变量，一共有246组数据，即：$f_{i1},f_{i2},f_{i3};i=1,2,3,\cdots,246$；$p_i$ 是 y 为高水平成长的概率。

Logistic 回归函数为：

$$f(p_i)=\frac{e^{p_i}}{1+e^{p_i}}=\frac{e^{(\beta_0+\beta_1 f_{i1}+\beta_2 f_{i2}+\beta_3 f_{i3})}}{1+e^{(\beta_0+\beta_1 f_{i1}+\beta_2 f_{i2}+\beta_3 f_{i3})}} \tag{8-1}$$

最大似然估计是选取 $\beta_0,\beta_1,\beta_2,\beta_3$ 的估计值 $\hat{\beta}_0,\hat{\beta}_1,\hat{\beta}_2,\hat{\beta}_3$，使得(8-1)式值最大。

本章运用 SPSS 16.0 统计软件对数据进行了 Logistic 回归处理。在处理过程中，采用了全部纳入法，将3个公因子变量一次性全部纳入回归，得到如表8-3所示的结果。

表 8-3　影响农民专业合作社成长因素二元 Logistic 模型回归结果

解释变量	B 值	标准化回归系数	Wald 值	幂值
常数项	0.295	0.030	2.514	1.343
物质资本资源(f_1)	1.801***	0.231***	59.759	6.053
组织资本资源(f_2)	0.946***	0.103***	22.809	2.575
人力资本资源(f_3)	0.116	0.011	0.437	1.123
预测准确率		82.9%		
−2 对数似然值		204.214		
Nagelkerke R^2		0.553		
卡方检验值		130.281***		

注：*** 表示统计检验达到1%显著性水平。

根据表8-3中的回归分析结果，可以得出如下几个结论：

1.物质资本资源对农民专业合作社的成长有很大的影响

从模型结果来看，物质资本资源变量在1%的水平上显著，标准化回归系数最大。这表明，与组织资本资源和人力资本资源相比，物质资本资源对当前农民专业合作社成长影响最大。也就是说，在其他条件不变的情况下，物质资本资源越丰富，合作社就越容易高水平成长。

2.组织资本资源对农民专业合作社的成长有比较大的影响

从模型结果来看，组织资本资源变量在1%的水平上显著，标准化回归系数仅次于物质资本资源。这表明,合作社组织资本资源质量的好坏也在较大程度上影响着合作社的成长水平。也就是说,在其他条件不变的情况下,组织资本资源质量越好,合作社就越容易高水平成长。

3.人力资本资源对农民专业合作社的成长影响不明显

从模型结果来看,人力资本资源变量的统计检验不显著,这与前面的假设不一致。对此,可以有两种解释:一方面,由于本章使用的是来自当前各农民专业合作社成长的横截面数据,而当前绝大多数合作社处于成长初期,所以,人力资本资源的作用还未充分发挥,其影响也就没有物质资本资源和组织资本资源来得显著;另一方面,本章中人力资本资源衡量指标的选取可能存在一定的缺陷,导致其统计结果不显著。该问题有待于将来进一步研究。

8.6　结论与启示

本章以浙江省 246 家农民专业合作社为例,分析了影响农民专业合作社成长的因素。农民专业合作社的物质资本资源对其成长影响最大,组织资本资源也有较大影响,而人力资本资源对当前合作社的成长影响并不明显。合作社的物质资本资源主要体现为合作社注册资金规模大小、有无专门的办公场所、有无为社员服务的设施、有无核心示范小区、有无合作社自己的网站,其中,是否有核心示范小区和合作社是否有自己专门的办公场所是决定合作社物质资本资源的最重要的两个因素。合作社的组织资本资源主要由合作社的机构设置完善程度、会议记录频次、产品品牌建设、资金借贷难易程度、有否得到政府支持等情况决定,其中,合作社的产品品牌建设情况和体现合作社是否管理规范的会议记录频次情况是决定合作社组织资本资源的最重要的两个因素。因此,在农民专业合作社成长过程中,要特别重视合作社物质资源(例如办公场所和服务设施的建设);同时,还要重视产品品牌和内部规范化管理等组织资本资源的建设。

9 中国农民专业合作社发展模式、问题及进一步发展的对策建议

9.1 中国农民专业合作社发展的典型模式

按照农民在专业合作社发展过程中的地位和作用不同,中国农民专业合作社发展模式主要可分为以农民为主导和非农民主导的两大类发展模式。

9.1.1 以农民为主导的发展模式

以农民为主导的发展模式,是指在农民专业合作社的发展过程中,农民是主要的发起人和创办人,在组织的创建过程中起主要作用。具体地说,以农民为主导的发展模式主要有以下几种:

1. 农村能人依托型

农村能人依托型主要是由农村能人(如生产大户、销售大户)利用他们的技术或销售渠道,牵头兴办,农户参与的发展模式。这种发展模式大多是在"能人"效应下成长起来的,其组建和运行过程具有较强的自发性和独立性,但这种发展模式下成长起来的合作经济组织一般运行比较不规范,规模也比较小,组织的实际运作往往由能人一手包办,一些组织甚至连章程也没有,主要依靠能人的个人权威来维系组织与成员之间的关系,而且组织的产权往往比较模糊,能人个人的财产与合作组织的公共财

产所属不清。这类模式的发展,很大程度上取决于具有"菩萨心肠、商人头脑"的合作社企业家性质的农村能人。从这次调查情况来看,依托农村专业大户、经营能人,利用其生产、经营、购销等优势组建的合作社是很重要的一类发展模式。目前领办农民专业合作经济组织的农村能人主要来自以下几类人员:①通过非农领域(即务工经商)起家,又返转回来投资农业的;②长期从事农业生产经营,并已达到一定规模的;③长期从事涉农服务,拥有农业技术特长的;④虽无资本、技术、规模等优势,但长期在乡村拥有传统权威或组织资源的;⑤长期在供销社工作的;等等。

2.村社区集体经济组织依托型

村社区集体经济组织依托型主要由村社区集体经济组织围绕当地的主导产业,把一部分专业农户组织起来,开展服务,促进主导产业进一步发展的一种发展模式。在中国农村大部分地区,由于村社区集体经济组织基本上还处于依靠家庭,利用血缘、地域、邻里等初级关系来完成相互之间合作的阶段,缺乏与陌生人或外部组织的合作意识。村社区集体经济组织尽管总体上存在服务功能不强、积累功能弱化、封闭性等问题,但并不能否认它在发展农民专业合作经济组织中的有利条件,因为这种组织在目前中国农村中具有许多别的组织和部门所不能替代的作用。如农村土地集体所有的性质,决定了社区集体经济组织作为集体土地的所有者主体和集体土地的管理者,有其不可替代的作用;社区集体经济组织作为其他集体财产的所有者代表是不可替代的;社区集体经济组织作为社区内公共产品的主要提供者,其作用不可替代;社区集体经济组织作为国家基层政权机构的延伸和补充,对沟通政府与农民的关系,其作用不可替代;同时作为社区集体经济组织实际权利控制者的村支部和村委会班子人员,一般是由本村农民选出来的农村能人组成,这些人一般是当地的精英分子,不仅在当地有较高的威望,可以较容易地调动当地的各种资源,而且他们往往又上通政府部门,可以争取到政府的资源来发展本村经济,在当地他们的作用是一般人所不能替代的。从已有的实践来看,社区集体经济组织与专业合作社发展并不矛盾的,还是可以利用的经济组织资源,是发展专业合作社的一种重要组织依托。这种发展模式一般出现在"一村一品"发展较好的地区。但在这种发展模式中,合作社的产权往往比较不清楚,村集体经济组织与专业合作社之间以及村委会班子与合作社班子之间,若关系处理不好,容易造成矛盾,不利于专业合作社发展。

9.1.2 非农民主导的发展模式

非农民主导的发展模式,是指在农民专业合作社创建过程中,农民起配角作用,主要由非农民组织发起的发展模式。这种发展模式目前主要有以下几种典型形式:

1.基层农技部门依托型

基层农技部门依托型是指在当地农技服务站等涉农服务部门的牵头下组建专业合作社的发展模式。这些服务部门利用其人才、技术、场地、信息和设备的优势,吸收有关部门和农民参与组建专业合作社。农技部门领办专业合作社一般有以下几个特点:一是主要围绕当地的主导产业;二是靠自己的技术及服务优势,吸引农户加入;三是形式多样,既有专业技术协会性质,也有专业合作社性质;四是以农民自愿为基础;五是对加入的农户有一定的限定条件,只有那些提出加入申请又符合条件的农民或相关行业人员方被吸收为成员;六是理事会由成员选举产生,其中,农民理事占据相当比重。在这类组织中其骨干与核心工作人员往往是农技部门所选派,如果运行不当,有可能使专业合作社,最终演变成为这些农技部门的附属机构或向外获得政策资源的"帽子"。

2.供销社依托型

供销社依托型是指依托供销社的人员、机构、固定资产或设施而组建专业合作社的发展模式。由于有供销社庞大的机构和物质基础做后盾,以它为依托而建立起来的专业合作社,一般比较稳固。供销社依托型组织具体又可分为挂靠型和一体型两种。挂靠型是指供销社在组建和运行时只起指导和牵头作用,供销社委托有关人员筹建专业合作社或在理事会中任职,并且利用其所拥有的机构或设施为社员提供服务,但彼此在财产方面保持相对独立性。多数以供销社为依托单位的专业合作社都属于这种类型。一体型是指供销社以入股形式加入专业合作社，同社员结为利益共同体。从本次调研案例来看，依托基层供销部门，利用其场地、经营等优势组建的合作社是一种很重要的发展模式。

从中国的实践来看，这类发展模式有很大的发展潜力。这是因为供销社本身就是农民自我服务的合作经济组织，服务"三农"是供销社的宗旨，"三农"是供销社生存与发展的基础，发展农民合作社是其题中之意。特别是，在目前供销社本身体制改革基本完成的情况下，供销社保留了一大块优质资产，有为农服务的经营设施，有经营、管理的人才优势，有经营渠道的优势，供销社有基础、有能力、有实力在创办专业合作社、参与农业产业化经营中发挥自己的作用。

但从中国的实践来看，供销社参与领办农民专业合作社，首先，必须明晰产权，实行民主管理，实现机制创新。产权清晰和民主管理是专业合作社发展的基础。供销社提供的场地、房屋、设施和资金应以参股的形式注入其中，使专业合作社产权清晰；供销社与专业合作社财务要分开，各自单独核算。其次，在创办过程中，要始终坚持"以农民为主体"这一指导思想，在理事会、监督会成员中，农民社员要占一定比例，合作社重大问题均提交理监事会联席会议讨论，把社员拥护不拥护、愿意不愿意作为决策的主要依据。最后，在利益分配上，要使农民在生产过程中增收，在盈利中分红；在财务上，则要强调透明度，让社员放心。

3. 公司依托型

公司依托型是指以从事农产品加工或销售等业务为主的公司为依托，吸收相关农户组建专业合作社，以专业合作社为载体，实行"公司＋专业合作社＋农户"的产业化经营的发展模式。从本次调查案例来看，以这类组织形式发展起来的合作社占了比较大的比例，也是一类很重要的发展模式。从中国各地的实践来看，公司领办合作社的主要目的是为了获得稳定的原料来源。由于目前农产品的市场竞争越来越激烈，同时消费者对食品的质量要求越来越高，农产品的竞争已不仅仅是终端产品的竞争,而是从田头到餐桌的整个产业链的竞争。对于从事农产品加工的企业来说,如何稳定地获得高质量的原料供应,已是提高其竞争力的关键所在。而在目前中国一家一户分散经营的体制下,公司不可能与农户一家一户发生交易,因为这样做交易成本很大,而且质量难以得到保证,同时自己购买或租用大量的土地又要付出很高的成本。在这种情况下,公司非常需要有一个中间载体,它一方面能代表农户与公司统一发生关系;另一方面能代表公司与农户发生关系,能把公司对生产的质量要求等信息传递给农户,并得到好的执行和监督。从国外来看,这个中间载体的理想形式是农民专业合作社。但中国由于农民专业合作社发展滞后,在目前条件下公司很难找到现成的合作社,可供发生关系。在这种情况下,公司在自己主要的原料产品基地,吸收生产规模比较大的农户参与,办起了专业合作社。公司以合作社为载体提供一些优惠的服务(如提供生产资料、技术指导和产品销售服务等)以吸引农户参加,而合作社的主要资金及平时的主要运转费用都由公司承担。专业合作社实际是由公司控制,农民社员在其中其实是没有发言权的,但社员有退出权利。如果合作社对农民没有真正好处,农民社员会选择退出,这也使得公司领办的合作社必须在一定程度上考虑社员利益。从各地的实践来看,尽管公司在合作社中起实际的控制作用(从大多数合作社章程股本构成比例可看出,公司入的股份在合作社总股份中占绝大部分),但对农民社员提供了许多好处,还是受到了农民的欢迎。在现阶段中国农民专业合作社发展滞后的背景下,对公司领办合作社,政府还是应该持鼓励的态度,因为它不仅对农民有利,而且也培养了农民的合作意识。从这种模式的发展趋势来看,一种可能的走向是公司向合作社农户出售股份,逐步变成由合作社社员参股办的公司,到一定程度合作社的社员控制了公司的股份,这样就可演变为"合作社＋公司＋农户"这种真正代表合作社社员利益的组织形式;另一种可能的走向是社员离公司越来越远,合作社退变为公司收购农产品的一个门市部和争取上级合作社优惠政策的一个"面具"。

从各地的发展情况来看,目前中国发展农民专业合作社还存在许多制约因素,单靠农民内部的自发力量来推动农民专业合作社发展,面临的困难还很大,这就需要借助外部的力量(如企业、供销社等),特别是各级政府的组织引导和支持。从各地实践来看,在中国尤其是中西部经济欠发达地区非农民主导的发展模式将在很长一段时间内发挥重要作用。但随着外部发展环境的逐步改善和农民本身素质的提高,将会逐步形成以农民为主导的发展模式为主,多部门推进、多主体参与、多类型组建、多层次发展的格局。

9.2 中国农民专业合作社发挥的主要作用

从中国各地的实践来看,农民专业合作社在以下几方面发挥了较大的作用:

1.提高了农民进入市场的组织化程度

从中国各地的实践来看,通过发展农民专业合作社,形成了"市场+农民合作社+农户"、"市场+农民专业合作社+企业+农户"和"市场+企业+农民合作社+农户"多种类型的农业产业化经营模式。这些经营模式改变了原先"市场+公司或购销大户+农户"产业化经营模式中,公司(购销大户)与农户利益关联性不强、农户地位弱的现象,真正把农业的生产、加工与市场销售等几个环节紧密联系起来,农户不仅可获得生产环节的收入,而且还分享营销环节的利润,体现了农业产业化的本质要求。

2.形成了新的农业生产社会化服务体系

从中国各地的实践来看,农民专业合作社以其自身特有的民办性、合作性和专业性等优势,为社员提供产前、产中、产后的全程服务,解决了社区集体经济组织"统"不起来、国家经济技术部门包揽不了、农民单家独户办不了的问题,形成了多方结合、优势互补、功能较全的服务机制,推动了农业社会化服务体系的建设。如河南延津县贡参果蔬专业合作社通过上联农技服务部门、科研单位、企业与政府,下联农户,实行"五统一",即统一产品质量标准、统一生产技术规程、统一农资物品供应、统一品牌包装、统一市场销售,实现了从田头到市场的规范化操作和管理,解决了农户产前、产中与产后遇到的问题,创新了农业社会化生产服务体系。又如义乌市义红果蔬合作社建立研究所,研究果蔬保鲜技术。

3.增加了农民收入

从中国各地的实践来看,各种农民专业合作社增加农民收入主要有以下四个途径:一是通过向社员提供新技术、新品种,提高农产品的产量和品质,增强市场竞争能力,达到优质高价;二是通过为社员提供购销信息、生产资料等服务,降低农民进入市场的交易成本和生产成本;三是通过兴办经济实体,从事农产品的加工和销售业务,从而将农产品加工或销售增值的部分利润返还给社员;四是利用成员间的辐射和示范效应,带动周边农户共同致富。此外,为了保障农民收入的稳定增加,多数农民专业合作社还建立了比较完善的利益分配制度和风险保障机制。

4.促进了政府职能的转变

在中国加入 WTO 后,如何转变政府职能,提高政府管理效率,实现与 WTO 规则接轨,理顺政府与社会、政府与农业生产者的关系,对农业进行更有效的支持、调控与引导,是一个迫切需要解决的问题。从被调查合作社的实践来看,围绕某一农产品,依托某个载体,建立各种不同类型的农民专业合作社,发挥其在市场准入、信息服务、技术推广、标准制定、规范经营行为、调解利益纠纷、协调政府关系等方面的功能,对于转变政府职能具有特别重要的意义。因为各种不同类型的农民专业合作社产生于农民,服务于农民,运作在农民中间,最了解农民,也最易被农民所了解。通过培育和发展农民专业合作社,进而形成"政府—合作社—农民"新的农业调控体系。利用农民专业合作社与农民的这一"特殊"关系,宣传政府对农业、农村、农民的一系列政策、法规,完成各级政府交给的工作和任务,配合政府在农村中的各项中心工作,并向政府和主管部门反映农民的愿望、困难和有关情况,为政府及有关部门制定决策提供参考,有助于提高政府管理的效率,增进政府与农村、农民之间的了解,密切党群、干群关系。

9.3 目前中国农民专业合作社发展存在的突出问题

应该说,近年来中国农民专业合作社发展步伐较快,质量逐步提高,形式趋向多样,增收作用明显。但从总体上看,目前中国农民专业合作社的发展仍处于初级阶段,在合作社的管理体制、合作社组织本身发展和外部发展环境方面还存在如下一些问题:

1. 管理合作社的体制还不够顺畅

合作社的发展涉及农、林、牧、副、渔多种产业,农业、林业、渔业和供销社各部门都参与了合作社的指导和管理,促进了合作社的全面发展。虽然法律已经明确了农民专业合作社发展的主管部门是农业部门,但由于各部门之间缺乏沟通和协调,在合作社指导和管理过程中"缺位"、"错位"和"撞车"现象经常发生,不能形成指导和管理农民专业合作社发展的合力,影响了农民专业合作社的有序发展。

2. 合作社本身发展状况还不理想

第一,实力普遍较弱小。目前农民专业合作社,从发展规模来看,大多数成员只有十多个、几十个,超过一百个的较少,规模普遍较小。从区域布局来看,大多数合作社社员的分布仅限于本乡(镇),跨区域发展的比较少。从开展业务来看,大多数合作社仅停留在简单的产品挑选分级、一般化的经营上,为成员提供的生产技术、产品销售等服务较为有限,所产生的效果并不很明显。还有不少合作社是无办公和经营服务设施、无产品品牌和销售市场、无生产经营服务收入的"三无"合作社。总之,目前中国大部分农民专业合作社在总体上还不强,缺少生存和持续发展的能力。

第二,规范化程度普遍不高。中国现有农民专业合作社的规范化程度普遍比较低,主要表现在:依托企业、供销社和能人建立起来的合作社公司化色彩比较浓,生产者股份太低;依托政府职能部门兴办起来的合作社,政府干预过多,行政色彩过浓。从专业合作社内部运作机制看也还不够规范,主要表现在:一是尽管目前大部分农民合作社制定了规范的章程,但许多章程仍流于形式。二是组织机构不健全,相当部分的合作社没有设理事会、监事会等必要的机构,或流于形式。三是缺乏科学民主的管理与监督机制,合作社的日常运作主要由少数人控制。四是与成员的利益关系还不够紧密。虽然服务收益在不同程度上得到体现,但合作社盈余受益在总体上仍然不足,大部分专业合作社对成员二次分配比例较小,有的甚至没有二次分配。

第三,人员素质普遍偏低。目前市场的竞争是人才的竞争,合作社作为一个市场主体,要在市场中参与竞争,必须要有高素质的人才进行运作和管理。从中国的情况来看,改革开放30多年来,全国文化素质比较高的农民绝大部分已转移到第二、三产业,从事农业生产的主要以"老、弱、妇女"为主,合作社管理人员与社员文化水平普遍偏低,难以适应合作社进一步发展的需要。

3.外部发展环境还有待改善

虽然这几年,中国各级政府已经出台了不少扶持专业合作社的政策与措施,有力地推动了合作社的发展,但从合作社的发展环境来看,还不是很理想,主要表现在:

第一,扶持力度还不够大。虽然各地的财政资金对农民专业合作社有所扶持,但扶持的力度不够大,扶持的方式也比较单一,扶持重点主要放在少数示范合作社上。在扶持过程中没有很好地处理好发展与提高、发展与规范的关系。

第二,融资困难。目前大部分地区的农民专业合作社尚处于发展初期,经济实力薄弱,但合作社兴办收贮服务设施需要资金投入,特别是在农产品收购季节,需要大量的流动资金。由于合作社缺乏可抵押资产,难以得到金融部门的信贷支持,造成目前不少合作社产品有销路,手头有订单,但没有能力组织生产。

第三,免税收难。根据《农民专业合作社法》规定,合作社销售社员生产和初加工农产品,视同自产自销;合作社销售非社员农产品不超过合作社社员自产农产品总额部分,视同自产自销,免征增值税。但在实际操作过程中,该项规定很难落实。究其原因,一是多数合作社系小规模纳税人,难以享受一般纳税人资格;二是在农产品增值税的抵扣中,由于相关规定缺乏可操作性,税务部门无法对合作社收购农副产品发票的真实情况进行有效的监督和管理。这就使得农民专业合作社发展处于双重困境:一方面没有办法进行增值税的抵扣,造成税负过重;另一方面,造成合作社做账没有规矩可循,税务部门常常以合作社做账不清楚为理由对其进行处罚,影响其正常经营。

第四,用地困难。在合作社运营过程中,一般需要有加工或收购产品的场地以及办公场所等。但目前许多合作社发展过程中面临的问题主要是没有办法获得用地,从而无法顺利开展业务。

第五,用电贵。合作社在生产加工过程中用电量比较大,在用电价格上,目前普遍是按工业用电价格核算,不能享受农业用电的优惠价格,合作社在用电方面支出较大,负担过重。

9.4 进一步推进中国农民专业合作社发展的重点与政策建议

9.4.1 发展重点

1. 实施"强社建设"工程,提高办社实力

针对中国农民专业合作社总体规模较小、经营服务领域还不广等问题,今后几年要围绕做大做强的目标,积极引导合作社向规模化、集团化方向发展,不断增强专业合作社的带动力。具体地说,可通过以下几个方面来开展工作:

第一,鼓励和支持农民专业合作社申请注册产品商标,开展各种形式的品牌宣传活动,统一提供品牌、包装和销售服务等,全面实施合作社品牌战略。

第二,鼓励农民专业合作社参加各类农产品展销会、推介会、博览会,与国内外超市、物流或配送中心、农产品加工企业对接建立销售网络,不

断开拓产品市场。

第三，鼓励农民专业合作社创办自己的加工企业，组建自己的营销网络，拓展经营服务内容，促进由比较单一的生产、销售领域向产、供、销、运、加等综合性跨行业、多领域发展。

第四，引导和支持农民专业合作社之间的联合，实现资源和优势的合理配置和整合、重组，同时向联合经营和集团型发展。

第五，鼓励合作社参股龙头企业，分享农产品加工、贸易环节的利益，积极推动合作社与龙头企业开展平等合作，依托合作社平台使得龙头企业与农户结成利益共同体。

2. 实施"规范建设"工程，提高办社质量

针对目前中国农民专业合作社发展不够规范的问题，要依法规范农民专业合作社的章程、工商登记、组织机构、股金设置、民主管理、财务管理、生产经营、盈余分配、成员账户设立等运行制度，进一步明晰产权，健全组织机构，完善服务体系，强化统一服务，推进民主管理，加强财务监督，规范盈余分配，切实保障合作社成员平等的民主权利和合法权益，提高合作社的办社质量。具体地说，要做到具备"五个有"合作社：

第一，有规范的章程和制度。按照《农民专业合作社法》，结合自身实际建立规范的合作社章程，通过工商登记，并且建立健全的社员入退社、合作社岗位职责、生产管理、收购营销、财务会计、档案管理等切实可行的制度。

第二，有稳定的经营服务场所和设施。合作社拥有稳定的生产经营服务场所和设施，合法生产和经营。

第三，有一个好的运行机制。运行机制主要包括经营机制、管理机制、分配机制和积累发展机制、社员利益保障机制等。

第四，有完善的产销服务体系。积极推行统一生产资料采购和供应、统一技术培训、统一生产标准、统一包装、统一品牌、统一销售。

第五，有比较大的带动作用。合作社在推动当地产业结构调整，促进社员增收和带动农户致富方面发挥了重要作用，取得了显著成效。

3. 实施"素质提升"工程，提高办社水平

针对目前中国农民专业合作社发展过程中人才缺乏的问题，建立农

民专业合作社辅导员制度,实施农民专业合作社领头人和骨干成员的"素质提升"工程,培养一批有合作思想、懂得如何指导合作社发展的业务干部,造就一批懂合作、善经营、会管理的农民专业合作社"企业家"。积极探索合作社党组织建设的途径,充分发挥党员在农业增效、农民增收中的模范作用。

9.4.2   政策建议

1.加强组织领导

各级党委、政府,特别是乡(镇)党委、政府要把培育和发展农民专业合作社作为当前农业和农村工作的一项重要任务来抓,切实加强组织领导。为了加强对合作社发展的领导,省、市、县(市、区)政府由主管农业的领导牵头,成立由农业、林业、渔业、供销、粮食等相关部门负责人组成的农民专业合作社建设领导小组,领导小组的主要任务是制定本地区农民专业合作社发展的相关政策和协调部门之间的关系。各级农业行政主管部门要切实履行好职责,加强对农民专业合作社的指导、协调和服务工作;各级工商部门要规范对农民专业合作社的工商登记,并将农民专业合作社设立、分立、合并和终止情况及时告知同级农业行政主管部门备案;林业、渔业、供销、粮食等行业主管部门要按照各自职责做好相关的服务和扶持工作,并及时就本行业的农民专业合作社的发展情况与农业行政主管部门沟通,从而形成支持和促进农民专业合作社发展的合力,确保中国农民专业合作社的健康、快速、规范发展。

2.加强指导管理

各级农业行政主管部门要对合作社实行分类指导、分类管理。对于新成立的合作社,要重点帮助和指导其建章立制,开展业务;对于不符合《农民专业合作社法》规范要求的合作社,要重点引导其逐步走向规范;对于已规范的合作社,要重点引导其不断拓展业务和提升实力,做大做强;在专业合作社发展数量比较多和比较好的地区,应积极引导合作社之间的联合与合作。同时,要指导农民专业合作社独立核算,建立健全财务管理和会计核算制度,实行社务公开和财务公开;要加强审计监督,切实保护农民专业合作社及其成员的利益不受侵犯;要建立健全农民专业合作社发展状况和业务经营状况等统计报表制度,全面了解和掌握其发展动态,为政府制定相关政策提供科学依据。各级农民负担监督管理部门要加大监督管理力度,积极维护农民专业合作社的合法权益,严肃查处涉及农民专业合作社的乱收费、乱摊派和乱罚款行为。

3. 加强宣传培训

各级农业行政主管部门要结合当地实际情况,组织开展各种形式的宣传活动,努力营造关心支持农民专业合作社发展的社会舆论氛围。要利用电视、广播、报刊、互联网络等新闻媒体,大力普及合作经济的基本知识,大力宣传农民专业社的成功典型以及优秀带头人热心为民、乐于奉献、带领农民致富奔小康的先进事迹,引导广大农民积极参加并共同办好农民专业合作社。各地在实施"千万农村劳动力素质培训工程"时,要把农民专业合作社经营管理人员作为重点对象加强培训,着力提高他们的经营管理水平。

4. 加大扶持力度

有关财政部门要继续设立农民专业合作社发展专项扶持资金,进一步整合农业产业化、农业综合开发、扶贫等财政支农资金,形成合力,加大对农民专业合作社建设项目的扶持力度。允许和支持具备条件的农民专业合作社申报和承担国家级、省级各项重点农业工程和项目实施工作。各级政府每年要安排一定数额的专项资金扶持农民专业合作社发展并逐年加大财政扶持力度。财政专项扶持资金重点扶持组织机构健全、规章制度完善、运作行为规范、示范带动力强、经县级以上主管部门认定的规范化的农民专业合作社,重点向示范性农民专业合作社倾斜。财政专项扶持资金主要用于:农民专业合作社加强自身建设,提高服务能力;开展信息、技术和培训服务,培育新型农民;引进、开发和推广新品种、新技术、新成果,加快先进农业科技成果的转化与应用;开展产品质量标准认证、实施标准化生产,提高农产品质量和品质;农民专业合作社联合会组织会员实施农产品展示展销、品牌建设及统一服务等建设；支持合作社开展资金互助、信用担保和合作试点。

5.优化发展环境

第一，做好工商登记服务。各级工商行政管理部门要按照《农民专业合作社法》、《农民专业合作社登记管理条例》有关规定，积极主动地做好农民专业合作社的登记办照工作。凡符合登记条件的，工商行政管理部门应简化登记程序，免收登记费用，为农民专业合作社登记提供便捷高效的服务。明确准入条件，放宽注册登记和经营业务范围，凡法律法规和国家政策没有禁止或限制性规定的经营服务范围，农民专业合作社可根据自身条件自主选择。积极支持农民开展土地股份合作、金融互助、信用合作，允许农民以土地经营权入股的方式登记农民专业合作社。支持和鼓励传统农产品的集中产区申请注册、规范使用证明商标，对影响较大的、知名的农民专业合作社，在认定知名商号时放宽准入条件。实行简易验资和年检程序，免收验资和年检费。加强对合作社的监管，严防虚假出资，切实把好合作社登记关。

第二，落实税收优惠政策。对农民专业合作社从事农、林、牧、渔业项目的所得，免征企业所得税。对农民专业合作社销售本社成员和非成员（不超过成员部分金额）生产和初加工的农业产品，视同农业生产者销售自产农业产品，免征增值税。增值税一般纳税人从农民专业合作社购进的免税农业产品，可按13%的扣除率计算抵扣增值税进项税额。对农民专业合作社向本社成员销售的农膜、种子、种苗、化肥、农药、农机，免征增值税。对农民专业合作社与本社成员签订的农业产品和农业生产资料购销合同，免征印花税。对农民专业合作社的经营用房，免征房产税和城镇土地使用税。对农民专业合作社所属，用于进行农产品加工的生产经营用房，免征房产税和城镇土地使用税。对各级财政扶持农民专业合作社的项目资金和以奖代补资金，免征企业所得税。对农民专业合作社的经营收入，免征水利建设专项资金。不征收残疾人就业保障金。各级税务部门要加快建立健全与农民专业合作社财务会计制度相衔接的合作社税收申报体系。

第三，加大金融支持力度。各级银行业金融机构制定支持农民专业合作社的配套政策和具体措施，积极支持有条件的农民专业合作社开展信用合作、资金互助和贷款担保。采取多种形式为农民专业合作社提供多渠道的资金支持和金融服务，对于实力强、资信好的规范化农民专业合作社给予一定的信贷授信额度，简化贷款手续，实行优惠贷款利率。积极探索创新贷款抵押方式，扩大抵押物范围。农业担保公司要优先为农民专业合作社提供贷款担保，解决农民专业合作社贷款抵押、担保难问题。各级保险机构应结合农民专业合作社的特点，开发具有针对性的保险产品，积极为农产品生产、加工、经营等环节提供各类保险服务。完善农业政策性保险政策，逐步增加保险品种，加大政府补贴力度，进一步扩大政策性农业保险的品种和覆盖面，降低保费、减少理赔手续，切实提高理赔服务水平，增强农民专业合作社抵抗风险的能力。

第四，加大人才支持力度。人事部门要鼓励基层农技人员到农民专业合作社工作，其工资待遇、职称评聘、考核任用等参照在岗农技人员。对到农民专业合作社工作的大中专毕业生，各地人事部门所属人才交流机构要为其提供人事档案保管、办理集体户口、党团组织关系挂靠、代缴社会保险等服务。

第五，给予用地、用电和农产品运输优惠。对农民专业合作社因生产需要建造简易仓（机）库、生产管理用房、晒场等农业生产配套设施，允许按规模经营面积 0.3%～0.5% 占用土地，其用地视作农业生产用地，按农用地管理，经县级农业主管部门审核同意后，由乡（镇）国土所协调用地选址，并到县级国土资源管理部门备案，不得改变用途。同时，在符合土地利用总体规划前提下，经市、县人民政府批准后，优先安排一定的用地指标，专门用于经营规模大的合作社农产品加工等永久性基础设施建设。供电企业应开辟农民专业合作社用电业务办理绿色通道，提高用电业务办理效率。对农民专业合作社从事种植业、养殖业生产和农产品初加工用电，执行农业生产电价标准。农民专业合作社整车运输鲜活农产品的规定车辆，在各类道路上均免费通行。

附　录

附录 1　农户调查问卷

一、被调查农户所在村情况（以下项目如没有特别注明,请在选中项前打"√"）

1.调查农户村所在省、县(市)、镇(乡)：＿＿＿＿＿＿＿＿＿＿＿＿。

2.村的地理位置属于：①城郊村　②平原村　③丘陵村　④山区村
　　　　　　　　　　⑤其他类型

3.村是否通公路：　①是　　　②否
　村是否通电话：　①是　　　②否

4.村是否通有线电视：①是　　　②否

5.村民 2008 年人均年总收入约为＿＿＿＿＿元。

二、被调查农户户主的基本情况

1.户主年龄：＿＿＿＿岁　　性别：①男　　②女

2.户主文化程度：①小学以下　　②小学　　③初中
　　　　　　　　④高中　　　　⑤高中以上

3.户主的主要工作：①以农业为主　②半工半农　③以非农业为主

4.户主有否外出打工的经历？　①有　　②没有

5.户主有否经商的经历？　　　①有　　②没有

6.户主有否担任过村干部？　　①有　　②没有

7.户主是否中共党员？　　　　①是　　②否

三、被调查农户家庭的基本情况

1. 家庭人口：_____人，劳动力（16～60 岁）_____人，其中主要从事农业的劳动力：_____人。

2. 家庭生产经营土地面积：_____亩，其中从别人转（租）入面积：_____亩。

3. 家庭年总收入（2008）_____万元，其中来自农业收入占总收入的比例_____（%）。

4. 您家的总体收入水平在当地属于以下哪种情况？
   ①很低水平　②中等偏下　③中等水平　④中等偏上　⑤高水平

5. 您家农产品 2008 年用于出售的数量约占了全年农业总产量的_____%。

6. 您家农产品 2008 年总销售额约_____万元，约占了全部农业收入的_____%。

四、被调查农户销售额最大农产品生产与销售情况

1. 您家全年销售额最大的农产品是什么？　农产品名称：_____。

2. 您家该农产品 2008 年全年销售额大约有：_____万元。

3. 您家该农产品用于出售的产量占总产量比例大约为：_____%。

4. 您家该农产品主要销往什么地方？（单选）
   ①县内　　②县外省内　　③省外国内　　④国外

5. 当地市场上该农产品价格近年来波动大不大？（单选）
   ①价格很稳定　　②价格稳定　　③基本稳定
   ④波动比较大　　⑤波动很大

6. 您家离该农产品最近的销售市场距离有多远？（单选）
   ①0～5 公里　　②6～10 公里　　③11～15 公里
   ④15 公里以上

7. 您家该农产品主要是通过下列哪种途径销售的？（单选）
   ①通过自销　　②中间商收购　　③合作社统一销售
   ④通过企业订单　　⑤网上销售　　⑥其他

8. 您家种植(或养殖)该农产品规模在邻近乡村属于以下哪种情况?(单选)

　①很小规模　　②中等偏小　　③中等水平　　④中等偏大

　⑤很大规模

9. 您家种植或养殖该农产品至今已有几年历史了?　_____年。

10. 您家种植(或养殖)该农产品有专门的设施投入(如大棚、畜舍等)吗?

　①如有,您家已累计投入_____元　　②没有

11. 目前您所在邻近乡村该农产品的种植(或养殖)是否已形成规模?(单选)

　①只有零零星星几户生产　　②已有一定规模

　③家家户户都种植(或养殖)

12. 您家选择种植或养殖该农产品最主要原因?(单选)

　①解决温饱　②挣钱致富　③收益比较稳定　④没有其他更好选择

13. 您家种植或养殖该农产品技术是如何获得的?(可多选)

　①通过自己摸索　　　　②通过向别的农户学习

　③通过参加相关培训　　④其他

14. 您家种植或养殖该农产品的资金主要来源渠道?(可多选)

　①自有资金　　②亲戚朋友借　　③民间借贷

　④信用社借贷　⑤银行借贷　　　⑥其他

15. 您家种植或养殖该农产品的劳动力雇佣情况?

没有雇工	雇工 3 个月以下	雇工 3~6 个月	雇工 6 个月以上
	人数:___人	人数:___人	人数:___人

16. 您家种植或养殖该农产品有没有从别人那里流转过来土地?

　①有　　②没有

　——→如果有,您家的土地是如何流转过来?　_____

　　①通过村委会　　②通过自己直接与农户谈

　　③通过熟人介绍　④通过当地政府　⑤通过其他途径

17. 下列各种为农服务组织有否为您家提供过服务? 您家对其提供的服务满意程度如何?

您家是否从下列组织得到过服务？	有否得到	满意度评价				
		很不满意	不满意	基本满意	满意	很满意
当地农技部门	有 否					
公司企业	有 否					
供销社	有 否					
农村信用社	有 否					
村社区经济组织	有 否					

18.您家在目前生产经营过程中面临的主要问题有哪些？（请按问题大小程度在 1,2,3,4,5 中选一项打"√"）

	没有问题	很小	较小	较大	很大
①农资采购方面	1	2	3	4	5
②种子种苗方面	1	2	3	4	5
③技术方面	1	2	3	4	5
④用地方面	1	2	3	4	5
⑤资金方面	1	2	3	4	5
⑥劳动力方面	1	2	3	4	5
⑦基础设施方面	1	2	3	4	5
⑧产品运输方面	1	2	3	4	5
⑨产品保鲜方面	1	2	3	4	5
⑩产品加工方面	1	2	3	4	5
⑪产品销售方面	1	2	3	4	5
⑫其他方面	1	2	3	4	5

19.您家最希望得到政府哪些方面的支持？（限选三项）

①资金支持　　　②技术支持　　　③土地流转方面的支持

④产品销售方面　　⑤基础设施建设

20.今后几年您家种植或养殖该农产品有何打算？（单选）

①准备扩大规模　　②稳定现有规模　　③准备缩小规模

④准备放弃生产

　　→如果准备扩大规模最主要原因是什么？（单选）

　　　①通过规模赚更多的钱　　②市场前景看好

③上规模能得到政府的支持

④其他＿＿＿＿＿＿＿＿＿＿＿＿＿

──→如果准备缩小规模最主要原因是什么？（单选）

①管理能力不行　②资金不够　③劳动力紧张

④其他＿＿＿＿＿＿＿＿＿＿＿＿＿

──→如果准备放弃生产最主要原因是什么？（单选）

①不赚钱　②风险太大　③有更好的赚钱途径

④其他＿＿＿＿＿＿＿＿＿＿＿＿＿

五、被调查农户对发展农民专业合作社的看法

1.您了解农民专业合作社是如何运作的吗？（单选）

①没有听说过　②听说过,但不了解　③有点了解

④比较了解　⑤很了解

2.您家附近是否已经成立了与您家生产农产品有关的农民专业合作社？

①是　　　　②否

3.您认为生产同一产品的农民有必要组织自己的合作社吗？

①没必要　　　②有必要

──→如选"没必要",就结束本问卷的回答

──→如选"有必要",请继续问答以下问题

4.您认为目前农村最需要发展提供下列哪类服务的合作社？（单选）

①农资采购合作社　　②资金互助合作社　　③产品销售合作社

④提供技术和信息服务合作社　⑤提供综合服务的合作社　⑦其他

5.您认为目前发展农民专业合作社主要困难有哪些？（限选三项）

①人心不齐,难以组织起来　　②没有好的带头人

③政府支持力度不大　　④农民不知道该如何组织

⑤其他(请说明)

6.您所在地政府有支持农民专业合作社发展的相关政策吗？（单选）

①不了解　　　②没有　　　③有

7.您认为目前应该由谁来牵头组织合作社比较适合？（请按问题大小程度在 1,2,3,4,5 中选一项打"√"）

	没有问题	很小	较小	较大	很大
①专业生产大户	1	2	3	4	5
②贩销大户	1	2	3	4	5
③龙头企业	1	2	3	4	5
④供销社	1	2	3	4	5
⑤政府	1	2	3	4	5

8.您家目前有没有参加有关农民专业合作社？

　①没有参加　　　②已参加

　——→如没有参加，您家没有参加的原因是：

　　　　①附近没有合作社可参加　②自己规模太小不符合加入条件

　　　　③已有合作社办得不好,参加好处不大

　——→若已参加,请继续回答以下问题

六、已经参加合作社农户对发展农民专业合作社的看法

1.您家参加合作社的名称：_____。

2.您家加入合作社有几年了？_____年。

3.加入合作社时,您家缴了股金吗？①没有　②有

　——→如果缴了股金的话,股金为：_____元,约占了总股金的_____%

4.您家是通过什么途径参加的？（单选）

　①合作社动员　②政府动员　③看到了好处,自己要求参加

　④其他途径

5.您家目前在合作社的身份是：①一般社员　②骨干社员

6.您家参加的合作社主要是由谁发起建立的？（单选）

　①农民自己　　②供销社　　③企业　　④其他部门

7.是否任何人想参加就可参加您家所在的合作社？①是　②否

8.您家所在合作社社员主要来自：①本村　②邻近村　③其他村

9.您熟悉本社社员的程度如何？

　①熟悉全部社员　　②熟悉部分社员　　③熟悉很少社员

10.您与本社社长的熟悉程度如何?

①不熟悉　　②比较熟悉　　③很熟悉

11.社员退社或入社决定是由谁说了算?(单选)

①社员代表大会　　　②理事会决定　　　③理事长或社长决定

12.您家所在合作社里的事情由谁说了算?(单选)

①社员大会　　　②社长或理事长　　　③理事会

13.如果您家对所在合作社发展不满意,您家会通过何种方式表达自己的意见?(单选)

①通过社员代表大会　②通过监事会　③直接向理事会或理事长提

④威胁退出合作社　　　⑤不提意见,随它去

14.您对自己合作社未来发展情况前景的看法如何?(单选)

①很不看好　②不太看好　③很难预料　④看好　⑤很看好

15.您认为本地合作社将来有必要联合起来吗?

①有必要　　　②没有必要

16.您家加入合作社,最期望从合作社得到下列哪些好处?(请在选中处打"√")

您家期望从合作社得到下列哪些好处?	期望程度				
	不期望	有点期望	比较期望	期望得到	最期望得到
种子和种苗服务					
技术方面服务和培训					
农资供应服务					
产品销售服务					
产品保鲜与加工服务					
融资服务					
按交易量(额)返利					
按股分红					

17.加入合作社后,您家从合作社得到了哪些好处?满意程度如何?(请在选中处打"√")

您家从合作社得到了下列哪些好处？	有否得到	满意度评价				
		很不满意	不满意	基本满意	满意	很满意
种子和种苗服务	有　否					
技术和培训服务	有　否					
农资采购服务	有　否					
产品销售服务	有　否					
产品保鲜与加工服务	有　否					
融资服务	有　否					
按交易量(额)返利	有　否					
按股分红	有　否					

18. 参与合作社后,您家在产品生产与销售方面与没有参加合作社前相比有了哪些变化？

项　目	参加合作社前后的变化
平均产量有没有提高？	①没有提高　②有提高——提高了约＿＿＿＿％
生产产量是否稳定了？	①没有稳定　②有所稳定　③明显稳定了
产品质量是否提高了？	①没有提高　②有所提高　③有明显提高
平均生产成本有否降低？	①没有降低　②有降低——降低了约＿＿＿＿％
平均销售价格有否提高？	①没有　②有——提高了约＿＿＿＿％.
平均销售价格是否稳定了？	①没有稳定　②有所稳定　③明显稳定了
收入有否提高了？	①没有　②有——提高了＿＿＿＿％

19. 您家对目前自己合作社发展情况的满意程度如何？（请在选中处打"√"）

合作社发展情况	满意度评价				
	很不满意	不满意	基本满意	满意	很满意
为社员服务方面					
社员的凝聚力方面					
产品的市场知名度方面					
提高社员收入方面					
合作社自身盈利能力方面					
带动当地产业发展方面					
在当地的社会影响力方面					
对合作社发展的总体评价					

附录2　农民专业合作社社长调查问卷

一、被调查合作社的成立和登记情况

1. 合作社成立的时间：_____年_____月；主要经营产品_____。

2. 合作社工商注册登记情况

　　A. 注册登记时间：_____；注册资金：_____万元。

　　B. 成员总出资额：_____万元；其中，第一大出资成员占总出资的比

　　　　重为_____%；农民成员占总出资的比重为_____%。

3. 现有合作社社员总数：_____名，其中农民成员_____名，所占比例

　　_____%；企业、事业单位或社会团体成员_____名，所占比例_____%。

4. 合作社社员主要来自：①同一个村　②跨村　③跨乡（镇）　④跨县

5. 合作社社员之间经营规模差异程度如何？①不大　②比较大　③很大

6. 合作社主要是依托下列哪一类组织建立起来的？（单选）

　　①生产大户　　　②贩销大户　　　③龙头企业　　　④供销社

　　⑤农技部门　　　⑥ 其他组织

7. 成立合作社的主要目的是？（可多选）

　　①解决农资采购问题　②解决生产技术问题　③解决产品销售问题

　　④解决产品保鲜问题　⑤解决产品加工问题　　　⑥其他_____

8. 合作社是哪级示范合作社？

　　①国家级　②省级　③市级　④县级　⑤其他

二、被调查合作社的组织和管理情况

1. 有否成立相关机构？①理事会　②监事会　③社员代表大会　④没有

2. 社员大会、理事会和监事会实行哪种表决方式？

　　①一人一票　　②一股一票

　　③一人一票，出资和交易量大的成员有附加表决权，但不超过总投票数

　　的 20%

3. 社员代表大会今年开了_____次。

4. 理事会会议今年开了_____次。

5. 监事会会议今年开了_____次。

6. 每次会议有否会议记录？

　　①没有记录　　②有时有记录　　③每次有纪录

7. 有否社员产品交易记录？　　①有　　②没有

8. 有否严格的财务管理规章制度？　　①有　　②没有

9. 会计资料是否完整？　　①有　　②没有

10. 是否定期向全体社员公开财务和营运情况？①是　②否

11. 自合作社成立后有没有更换过社长及理事会成员？　　①有　②没有

　　──▶如果有，是由于什么原因？

　　　　①经营与管理能力差　　②以权谋私　　③自动辞职

　　　　④岗位调动　　　　　　⑤其他原因_____

12. 假如因为经营不善或其他原因，部分社员希望更换合作社社长，贵社有否规定明确的更换程序？　　①有　　②没有

三、被调查合作社的生产经营情况

1. 合作社主要提供下列哪些服务？（可多选）

　　①供种供苗服务　②农资采购服务　③技术与培训服务

　　④产品包装服务　⑤产品销售服务　⑥产品加工服务　⑦其他服务

2. 有否专职工作人员？　　①有_____名　　②没有

3. 有否合作社自己的专门办公场所？　　①有　　②没有

4. 有否专门为社员服务的设施（如冷库等）？　　①有　　②没有

5. 有否合作社自己的注册商标？　　①有　　②没有

6. 有否合作社自己的名牌产品？

　　①国家级名牌　　②省级名牌　　③地市级名牌　　④没有

7. 有否合作社产品获得相关绿色认证？

　　①无公害　　②绿色食品　　③有机食品　　④没有

8. 有否合作社自己的核心示范小区？　①有　　②没有

9. 有否合作社自己的网站？　①有　　②没有

10. 合作社主要通过何种渠道销售产品？

　　①直接销售给批发市场　　　②直接销售给超市

　　③通过外地客商上门收购　　④直接销售给消费者

　　⑤直接销售给龙头企业　　　⑥其他＿＿＿＿＿＿

11. 合作社以什么方式帮助销售社员产品的？

　　①提供客户信息,社员自销　　②代理销售,收取一定的手续费

　　③通过合同收购销售　　　　④其他形式

四、被调查合作社社员的入退社制度与分配制度

1. 合作社自成立以后,有否发生过社员退社的情况？

　　①退社＿＿＿＿名　　②没有

　　——如果有,社员退社的主要原因是:

　　　　　①看到合作社好处不大,自己要求退社

　　　　　②由于违反合作社规定,被开除

2. 合作社自成立以后,有否吸收新的社员？

　　①新吸收了＿＿＿＿名　　②没有

　　——如果有,社员新入社的原因是:

　　　　　①看到合作社有好处,社员主动要求入社　②通过动员入社

3. 对想参加合作社的人员是否有相关条件要求？

　　①有要求　　②没有要求

4. 社员退社或入社决定是由谁说了算？

　　①社员代表大会　　②理事会决定　　③社长决定

5. 合作社近年来有否过盈余？　①有　　②没有

　　——如果有盈余,如何分配的？

　　　　　①按股分配的比例占＿＿＿＿%

　　　　　②按交易量返回比例占＿＿＿＿%

　　　　　③合作社的积累比例占＿＿＿＿%

五、被调查合作社的资金借贷及资金来源情况

1.您所在合作社运行过程中有资金借贷需求吗？　①有　②没有

2.如果有资金借贷需求,借贷资金主要用于哪些方面？

　　①用于购买生产资料等流动资金投入

　　②用于购买设施等固定资产投入

3.如果发生过资金借贷,主要是通过何种渠道借贷资金的？

　　①民间借贷　②信用社贷款　③商业银行贷款　④其他渠道

4.从商业银行或信用社获得贷款困难吗？

　　①不困难　　②比较困难　　③很困难

六、被调查合作社发展的总体情况及发展制约因素

1.合作社成立第一年与最近发展情况的比较：

发展情况	成立第一年情况	到今年年底情况
合作社拥有资产总数(万元)		
合作社社员人数(人)		
合作社年经营总收入(万元)		
合作社年经营纯盈余(万元)		
合作社按交易额返还社员总金额(万元)		
合作社按股分红的总金额(万元)		
社员比非社员年均增收约(元)		
带动当地农户数(户)		
统一供种供苗比例(%)		
统一采购农业投入品的比例(%)		
统一标准化生产的比例(%)		
统一品牌和包装销售的比例(%)		
社员统一进行技术培训的次数(次数)		

2.您认为目前影响您合作社进一步发展的主要因素有哪些？影响程度如

　　何？（请在选中处打"√"）

影响因素	影响程度				
	没有影响	有点影响	较大影响	影响大	影响很大
社长的素质与能力					
核心成员的素质与能力					
一般社员的素质与能力					
社员的经营规模太小					
生产技术方面					
用地方面					
资金方面					
服务社员的设施建设方面					
产品销售渠道方面					
产品品牌建设方面					
当地产业基础条件					
当地农业基础设施条件					
市场同行竞争程度					
当地政府的支持力度					
与当地政府的关系					
与相关部门（如供销社）关系					
与当地村组织的关系					
当地农民的思想认识					

3. 您认为本地合作社将来有必要联合起来吗？　①有必要　②没有必要

4. 您对目前自己合作社发展情况的满意程度如何？（请在选中处打"√"）

合作社发展情况	满意度评价				
	很不满意	不满意	基本满意	满意	很满意
为社员服务方面					
社员的凝聚力方面					
产品的市场知名度方面					
提高社员收入方面					
合作社自身盈利能力方面					
带动当地产业发展方面					
在当地的社会影响力方面					
对合作社发展的总体评价					

5.您对自己合作社未来发展前景的看法如何？

①很不看好　②不太看好　③很难预料　④看好　⑤很看好

七、对《农民专业合作社法》的评价和政府的希望

1.您知道中国 2007 年 7 月 1 日正式实施的《农民专业合作社法》内容吗？

①不知道　②有点知道　③知道

──→如果知道，您觉得这部法律对促进合作社发展作用如何？

①没有作用　②有点作用　③较大作用　④很大作用

2.您所在的合作社有没有获得过政府的相关支持？　①有　②没有

──→如果有，是哪些方面的支持？（可多选）

①办社指导方面　②资金贷款方面　③技术培训方面

④产品促销方面　⑤品牌建设方面　⑥设施投入方面

⑦其他方面＿＿＿＿＿＿＿＿＿＿＿＿＿＿＿

3.您认为政府应该在哪些方面对合作社有更大的支持？（可多选）

①办社指导方面　②资金贷款方面　③技术培训方面

④产品促销方面　⑤品牌建设方面　⑥设施投入方面

⑦其他方面＿＿＿＿＿＿＿＿＿＿＿＿＿＿＿

八、被调查合作社社长的基本情况

1.文化程度：①小学以下　②小学　③初中　④高中　⑤高中以上

2.性别为：　①男　②女　　年龄为：＿＿＿＿＿岁

3.担任社长以前的身份为：

①生产大户　②销售大户　③企业负责人　④农技人员

⑤村干部　⑥乡镇干部　⑦其他人员

4.政治身份为：①中共党员　②非中共党员

5.已经担任社长几年：＿＿＿＿＿年

被调查合作社名称：＿＿＿＿＿＿＿＿＿＿＿＿＿＿＿

联系电话：＿＿＿＿＿＿＿＿＿＿＿＿＿＿＿

附录3　农民专业合作社社员调查问卷

一、被调查社员的基本情况

1.年龄：_____岁　　性别：①男　　②女

2.文化程度：①小学以下　②小学　③初中　④高中　⑤高中以上

3.您家的收入水平在当地属于以下哪种情况？

　　①很低　②比较低　③中等水平　④比较高　⑤很高

4.您家通过种植(或养殖)合作社经营的产品收入占您家年总收入的比例

　　大约为：_____%。

5.您家种植(或养殖)规模在当地属于以下哪种情况？

　　①很小　②比较小　③中等水平　④比较大　⑤很大

6.您是否知道合作社运作方面的知识？

　　①不了解　　②有点了解　　③基本了解　　④了解　　⑤很了解

7.您是否了解中国在2007年7月正式实施的《农民专业合作社法》？

　　①不了解　　②有点了解　　③基本了解　　④了解　　⑤很了解

二、社员对农民专业合作社的看法

1.您家参加合作社的名称：_____。

2.您家加入合作社有几年了？_____年。

3.加入合作社时,您家缴了股金吗？　　①没有　②有

　　──→如果缴了股金的话,股金为：_____元,约占了总股金的_____%

4.您家是通过什么途径参加的？（单选）

　　①合作社动员　②政府动员　③看到了好处,自己要求参加

　　④其他途径

5.您家目前在合作社的身份是：　①普通社员　　②骨干社员

6.您家参加的合作社主要是由谁发起建立的？（单选）

　　①生产大户　②贩销大户　③龙头企业

　　④供销社　　⑤农技部门　⑥其他组织

7. 是否任何人想参加就可参加您家所在的合作社？　①是　②否

8. 您家所在合作社社员主要来自：　①本村　②邻近村　③其他村

9. 您熟悉本社社员的程度如何？

　　①熟悉全部社员　　　②熟悉部分社员　　　③熟悉很少社员

10. 您与本社社长的熟悉程度如何？

　　①不熟悉　　②比较熟悉　　③很熟悉

11. 社员退社或入社决定是由谁说了算？（单选）

　　①社员代表大会　　　②理事会决定　　　③理事长或社长决定

12. 您家所在合作社里的事情由谁说了算？（单选）

　　①社员大会　　②社长或理事长　　③理事会

13. 如果您家对所在合作社发展不满意,您家会通过何种方式表达自己的意见？（单选）

　　①通过社员代表大会　②通过监事会　③直接向理事会或理事长提

　　④威胁退出合作社　　　⑤不提意见,随它去

14. 您对自己合作社未来发展情况前景的看法如何？（单选）

　　①很不看好　②不太看好　③很难预料　④看好　⑤很看好

15. 您认为本地合作社将来有必要联合起来吗？

　　①有必要　　②没有必要

16. 您家是出于下列哪些方面的考虑参加合作社的？（请在选中处打"√"）

影响您家参加合作社的因素？	同意程度				
	不同意	有点同意	比较同意	同意	很同意
能得到种子和种苗服务					
能得到技术和培训服务					
能得到农资供应服务					
能方便产品销售					
能让产品卖个好价格					
能得到产品保鲜、储存与加工					
能得到融资服务					
能按交易量(额)返利					
能得到按股分红					

17. 加入合作社后,您家从合作社得到了哪些好处？满意程度如何？（请在选中处打"√"）

您家从合作社得到了下列哪些好处？	有否得到	满意度评价				
		很不满意	不满意	基本满意	满意	很满意
种子和种苗服务	有　否					
技术和培训服务	有　否					
农资供应服务	有　否					
方便产品销售	有　否					
产品卖个好价格	有　否					
产品保鲜、储存与加工	有　否					
融资服务	有　否					
按交易量(额)返利	有　否					
按股分红	有　否					

18. 参与合作社后,您家在产品生产与销售方面与没有参加合作社前相比有了哪些变化？

项　　目	参加合作社前后的变化
平均产量有没有提高？	①没有提高　②有提高——▶提高了约＿＿＿＿＿%
生产产量是否稳定了？	①没有稳定　②有所稳定　③明显稳定了
产品质量是否提高了？	①没有提高　②有所提高　③有明显提高
平均生产成本有否降低？	①没有降低　②有降低——▶降低了约＿＿＿＿%
平均销售价格有否提高？	①没有　②有——▶提高了约＿＿＿＿%
平均销售价格是否稳定了？	①没有稳定　②有所稳定　③明显稳定了
收入有否提高了？	①没有　②有——▶提高了＿＿＿＿%

19. 您家对目前自己合作社发展情况的满意程度如何？（请在选中处打"√"）

合作社发展情况	满意度评价				
	很不满意	不满意	基本满意	满意	很满意
为社员服务方面					
社员的凝聚力方面					
产品的市场知名度方面					
提高社员收入方面					
合作社自身盈利能力方面					
带动当地产业发展方面					
在当地的社会影响力方面					
对合作社发展的总体评价					

附录4　杨梅种植户调查问卷

一、被调查者基本情况

1.您的年龄：_____周岁。

2.您的性别(1＝男;2＝女)_____。

3.您的受教育程度_____。

　(1＝文盲;2＝小学;3＝初中;4＝高中及以上)

4.是否兼做其他工作？(0＝否;1＝是)_____。若是,从事什么工作?_____。

5.您家里总共有几口人?_____。

二、农户生产特征(2007年)

(一)杨梅种植基本情况

1.您家是从哪一年开始种植杨梅的?_____。

2.您现在种植的杨梅总面积_____亩,其中租入_____亩,每年租金_____元。

3.近两年来是否有扩大种植面积的打算？(0＝否;1＝是)_____。

4.您种植杨梅的投入中是否有借款？(0＝否;1＝是)_____。若是,借款金额为_____元。

5.您除了种植杨梅以外还种植(其他水果、粮食、蔬菜、经济作物品种,请注明)_____。

6.不同品种杨梅种植概况：

品　种	面积(亩)	棵数(棵)	种植密度(棵/亩)	平均树龄(年)
东　魁				
荸荠种				

(二)杨梅生产成本

1.种苗成本:

品种/项目	新购买的种苗数(棵)	种苗单价(元/棵)	总成本(元)
东　魁			
荸荠种			
合　计			

2.肥料和农药等成本:

项　目	用量(袋)	单位成本(元/袋)	总成本(元)
肥　料			
农　药			
除草剂			
营养液			

3.人力成本:

①雇工数_____工,单位价格_____元/工,合计_____元。

②自家用工_____工。

4.包装保鲜成本:

品种/项目	包装数(箱)	单位成本(元/箱)	总成本(元)
东　魁			
荸荠种			
合　计			

5.其他支出合计_____元。

三、杨梅销售情况

(一)杨梅产量及销售概况(2007 年情况)

项　目	杨梅年产量(公斤)	自家消费量(公斤)	次品比例(%)	销售量(公斤)	销售额(元)	销售方式(包装销售/未包装)	包装销售所占比例(%)
东　魁							
荸荠种							
合　计							

(二)杨梅销售价格(2007 年,单位:元/公斤)

品　种	最高价格	最低价格	平均价格
东　魁			
荸荠种			

(三)杨梅销售渠道(2007 年)

1.您家的杨梅主要销售给_____。

(1＝合作社;2＝龙头企业;3＝杨梅贩卖商;4＝超市等零售商;5＝政府等集团购买者;6＝个体消费者;7＝其他(请注明)_____)

2.您家销售杨梅的成交地点是_____。

(1＝田头;2＝本村市场;3＝外村市场;4＝其他(请注明)_____)

3.您对目前的销售方式是否满意?_____。

(1＝很不满意;2＝不太满意;3＝基本满意;4＝很满意)

4.您以后是否会采用其他方式销售杨梅?(0＝否;1＝是)_____。

(四)收入情况

项　目	收入(万元)
2007 年家庭全年总收入(包括出售杨梅及其他农产品、经商、工资、股票、福利等所有收入)	
来自于杨梅的收入	
除杨梅以外的所有农业收入	
非农工作工资收入或经商收入	
其他不确定收入(奖券、遗产、分红等)	

四、农户参加合作社情况

1.您所在的地方有没有杨梅合作社?(0＝否;1＝是)_____。

2.您是否是该合作社的成员?(0＝否;1＝是)_____。

⟶如果是的,请回答下列问题:

①您参加合作社的名称:_____

②您加入该合作社几年了?_____年。

③您参加合作社的原因_____。

(1＝学习先进的技术,提高杨梅品质;2＝确保比较稳定的杨梅

销售渠道,便于杨梅销售;3＝因为其他农民都加入了;4＝其他
(请注明)＿＿＿＿＿＿)

④您是该合作社的(1＝社长;2＝核心社员;3＝一般社员)＿＿＿＿＿

＿＿＿＿＿。

⑤您在合作社是否拥有股份?（0＝否;1＝是）＿＿＿＿＿＿＿。

拥有＿＿＿＿＿＿股。

→如果不是的,请回答下列问题:

您不参加合作社的原因＿＿＿＿＿＿。

(1＝认为参加和不参加没有区别;2＝不喜欢被限制;3＝不知道有
合作社;4＝其他(请注明)＿＿＿＿＿＿)

3.您是否接受过合作社提供的下列服务?

编　号	服　务　项　目	0＝没有获得过;1＝获得过
1	种苗供应服务	
2	农资采购服务	
3	生产技术标准	
4	技术服务和培训	
5	病虫害防治服务	
6	市场信息	
7	保鲜服务	
8	加工服务	
9	统一品牌(包装)	
10	按保护价收购产品	
11	代理销售	
12	联系买主	
13	信用担保	

4.总体上,您对合作社提供的服务是否满意?＿＿＿＿＿＿。

(1＝很不满意;2＝不太满意;3＝基本满意;4＝很满意)

参考文献

[1]Anderson E W, Fornell C, Lehmann D R. Customer Satisfaction, Marketing Share and Profitability: Findings from Sweden. *Journal of Marketing*, 1994, 58(7):53-66.

[2]Banerjee Abhijit V, Duflo Esther. *Do Firms Want to Borrow More? Testing Credit Constraints Using a Directed Lending Program*, Working Paper No. 02-25, MIT Department of Economics, May, 2008.

[3]Barney J. Firm Resources and Sustained Competitive Advantage. *Journal of Management*, 1991,17(1):99-120.

[4]Cronin J J, Taylor S A. Measuring Service Quality: A Reexamination and Extension. *Journal of Marketing*, 1992, 56(3):56-68.

[5]Egerstrom L. Obstacles to Cooperation//Christopher D Merrett, Norman Walzer (eds). *Cooperatives and Local Development*. M. E. Shape Inc., 2004:70-91.

[6]Fornell C, Johnson M D, Anderson E W, et al. The American Customer Satisfaction Index: Nature, Purpose, and Findings. *Journal of Marketing*, 1996, 60:7-18.

[7]Maharjan K L, Fradejas C C. Role of Cooperative in Improving Access to Production Resources and Household Economy of Backyard Pig Raisers in Batangas, Philippines. *The International Association*

of Agricultural Economics Conference，2006.

[8]Grant R G. The Resource-based Theory of Competitive Advantage：Implications for Strategy Formulation. *California Management Review*，Spring，1991.

[9]Penrose E. *The Theory of the Growth of the Firm*. Oxford：Oxford University Press，1959.

[10]Pulfer I，Mohring A，Dobricki M，et al. Success Factors for Farming Collectives. *The 12th Congress of the European Association of Agricultural Economists*，2008.

[11]Tomer J F. *Organizational Capital：the Path to Higher Productivity and Well-being*. New York：Praeger，1987.

[12]Theuvsen L，Franz A. The Role and Success Factors of Livestock Trading Cooperatives：Lessons from German Pork Production. *International Food and Agribusiness Management Review*，2007，10 (3)：1-15.

[13]Uzzi B. Social Structure and Competition in Interfirm Network：The Paradox of Embeddedness. *Administrative Science Quarterly*，1997，42：35-67.

[14]Wollni M，Zeller M. Do Farmers Benefit From Participating in Specialty Markets and Cooperatives? The Case of Coffee Marketing in Costa Rica. *The International Association of Agricultural Economists Conference*，2006.

[15]Wernerfelt B. A Resource-based View of Firm. *Strategic Management Journal*，1984，5(2)：171-180.

[16]韩俊,秦中春,张云华等. 中国农民专业合作经济组织发展的影响因素分析. 红旗文稿,2006(15).

[17]黄祖辉,徐旭初,冯冠胜. 农民专业合作组织发展的影响因素分析——对浙江省农民专业合作组织发展现状的探讨. 中国农村经济,2002(3).

[18]姜长云.中国农民专业合作组织发展的态势.经济研究参考,2005(74).

[19]孔祥智,张小林,庞晓鹏等.陕、宁、川农民合作经济组织的作用及制约因素调查.经济理论与经济管理,2005(6).

[20]马九杰,毛曼昕.县域中小企业信贷融资能力影响因素实证研究.开发研究,2005(3).

[21]彭建刚.运用资源基础理论提升企业核心竞争力.科技与管理,2004(5).

[22]王颖,李树茁.以资源为基础的观点在战略人力资源管理领域的应用.南开管理评论,2002(3).

[23]许晓明,徐震.基于资源基础观的企业成长理论探讨.研究与发展管理,2005(4).

[24]杨春华.资源概念界定与资源基础理论述评,科技管理研究,2008(8).

[25]杨道箭,齐二石.基于资源观的企业IT能力与企业绩效研究.管理科学,2008(10).

[26]于华江,魏玮,于志娜.试论农民合作经济组织资金短缺的解决途径,中国农村经济,2006(6).

[27]余丽燕.试论美国农业合作社资金短缺的解决途径和借鉴.农场经营管理,2007(2).

[28]张兵,左平桂,郁胜国.苏北地区农民专业合作组织信贷影响因素分析.南京农业大学学报(社会科学版),2009(9).

[29]张开华,张清林.农民专业合作社成长的困惑与思考.农业经济问题,2007(5).

[30]张晓山.促进以农产品生产专业户为主体的合作社的发展——以浙江省农民专业合作社的发展为例.中国农村经济,2004(11).

[31]钟宏武,徐全军.国内外现代企业成长理论研究现状比较.经济管理,2006(1).

[32](俄)A.恰亚诺夫.农民的经济组织.北京:中央编译出版社,1996.

[33]舒尔茨著.改造传统农业.梁小民译.北京:商务印书馆,1999.

[34]陈菲琼,孙晓光.基于资源观的民营科技企业国际化成长战略研究.

经济问题,2006(6).

[35]崔宝玉,李晓明.资本控制下的合作社功能与运行的实证分析,农业经济问题,2008(1).

[36]郭红东,蒋文华.影响农户参与专业合作经济组织行为的因素分析——基于浙江农户的实证研究.中国农村经济,2004(5).

[37]黄胜忠,林坚,徐旭初.农民专业合作社治理机制及其绩效实证分析.中国农村经济,2008(3).

[38]黄维德,苏庆翔.知识员工对雇主信任的影响因素研究.上海师范大学学报,2007(3).

[39]黄祖辉,梁巧.小农户与大市场的集体行动——以浙江省箬横西瓜合作社为例的分析.农业经济问题,2007(9).

[40]黄祖辉,徐旭初,冯冠胜.农民专业合作组织发展的影响因素分析.中国农村经济,2002(3).

[41]林毅夫.小农与经济理性.农村经济与社会,1988(3).

[42]彭泗清.信任的建立机制:关系运作与法制手段.社会学研究,1999(2).

[43]全国人大农委法案室.中国当前农民合作经济的基本状况.中国人大,2006(21).

[44]孙昕,徐志刚等.政治信任、社会资本和村民选主参与——基于全国代表性样本调查的实证分析.社会学研究,2007(4).

[45]孙亚范.现阶段中国农民合作需求与意愿实证研究.江苏社会科学,2003(1).

[46]孙艳华,周力,应瑞瑶.农民专业合作社增收绩效研究——基于江苏省养鸡农户调查数据的分析.南京农业大学学报(社会科学版),2007(7).

[47]田详宇.中国农民专业合作社资金短缺的原因及对策研究.会计之友,2008(8).

[48]王凤彬,刘松博.战略联盟中的分险及其控制——一种基于资源观的分析.管理评论,2005(6).

[49]王绍光,刘欣.信任的基础:一种理性的解释.社会学研究,2002(3).

[50]张维迎,柯荣住.信任及其解释:来自中国的跨省调查分析.经济研究,2002(10).

[51]赵国杰,郭春丽.农民专业合作社成长周期分析与政府角色转换初探.农业经济问题,2009(1).

[52]赵泉民,李怡.关系网络与中国乡村社会的合作经济.农业经济问题,2007(8).

[53]郑也夫.信任论.北京:中国广播电视出版社,2001.

[54]周月书,赵敏.西部地区农户对合作经济组织的需求及影响因素分析——对陕西眉县猕猴桃果农的调查.江苏社会科学,2007(6).